suncolor

suncolor

POLITICS AND THE PANDEMIC

後疫情時代的關·鍵·趨·勢

新冠肺炎重塑世界的五大思維

伊凡·克雷斯戴 Ivan Krastev 著　劉道捷 譯

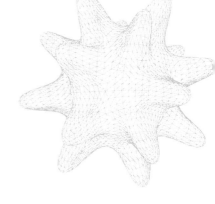

suncolor
三采文化

目錄

CONTENTS

導讀

戴上口罩的全球化：亞洲要如何走出困境，看見機會？ 5

臺灣大學政治學系兼任教授　楊永明

第一、戴上口罩的全球化 11

第二、國家經濟主權擴大 14

第三、美國領導力下降 17

第四、中美新冷戰對抗 19

第五、後新冠的亞洲整合走向，以及亞洲世紀是否將來臨？ 23

前言 29

新冠肺炎與過去危機無異？ 42

這是轉機、卻也是嚴重的危機 52

第一章 「居家」民族主義 59
全球化的真實面：吸引遊客、拒絕難民 61
不在國內，就是外國人 64
對市場不信任，會強化對政府的信心 70
被疫情形塑的C世代 74
民粹主義再次崛起？ 79
溫和的去全球化 81

第二章 民主是獨裁的比較級 87
獨裁制度乘勢而起 90
「中國病毒」會讓「中國模式」受益？ 94
民主失去養分，走到終點？ 98
「比較」是決定政策的條件 103
何謂民主制度的例外狀態？ 108

結論 116

導讀

戴上口罩的全球化：亞洲要如何走出困境，看見機會？

——臺灣大學政治學系兼任教授 楊永明

本書作者伊凡．克雷斯戴（Ivan Krastev）是一位著名的研究學者。他面對近年前所未有的公共衛生危機，新冠病毒引發的全球大流行，探討這次疫情之外的社會經濟病徵與問題。這是相當即時的初步觀察與檢視，作者很有深度地解剖結構性變化與發展，十分具有參考價值。

書中提到幾個重要分析，像是：重新思考國土疆界；不同政體的危機處理；過往由經濟主導市場的國家，出現權力轉移；中國經濟首先復甦，擴大其影響力等。這些問題是當下國際社會與各國具體且嚴重的挑戰，很值得讀者們深入閱讀與思索。

作者一開始就指出，其實近年來對疫情大流行的警告不勝枚舉，二〇〇四年美國政府報告就提出警示，一旦疫情大流行將會造成全球旅遊與貿易的停頓；二〇一五年比爾·蓋茲在TED的演講也預言全球大流行的危險，因此，本書作者以「灰天鵝」形容這次新冠疫情，意即「可預測卻無法想像的」衝擊事件。

瘟疫是戰爭嗎？當然不是。這並非軍事行為，也沒有造成國際間武裝衝突，但是這次疫情造成的危機與衝擊，完全不遜色於一場大規模多邊戰爭，堪比世界大戰等級的災難。各種陰謀論也甚囂塵上，包含中國武漢病毒研究所外洩病毒、美國發展生物武器、生態控制機制，甚至大型製藥商的精心設計等。這些可謂多是在疫情全球大流行衝擊下，人們開始尋找原罪者的代罪羔羊。

新冠肺炎造成的陰影，使各國開始出現「居家民族主義」（Stay-at-Home Nationalism），或者我認為可以稱之為「新冠民族主義」，排外與歧視開始蔓延。居家隔離與暫時休市雖說是避免擴散及感染的措施，除了意味生活上減少互動與交流，國際旅遊、國際交流等驟然停頓，人們生活上變得孤立與疏離，同時也抱怨跟懼怕會散播病毒的國家與外來人士。當「新冠民族主義」情緒高漲，排外與歧視的氛圍只會不斷高升。

雖說病毒面前，人人平等，但是病毒實際上造成更深刻的疏離、分裂及歧視。研究指出當新冠肺炎爆發的前三個月，推特上針對中國與亞洲的仇恨言論，增加高達九倍之多。不只社群媒體，許多傳統國際媒體也加入仇恨大軍，推波助瀾儼然成為正義的討伐。

這些仇恨言論已經有兩種衍生效應，第一種是在世界各國針對亞裔或少數族群的歧視言論與暴力行為大幅增加，因為種族主義在恐懼與仇恨中最易抬頭，亞裔美國人紛紛購買槍枝以自保。第二種衍生效應是仇恨政治，特別是中美兩國之間的仇恨政治進入爆發期。許多政治人物開始大聲吶喊仇恨言論，針對特定對象抓狂獵巫，民粹主義無限上綱。

此外，疫情所造成的疾病感染與經濟衝擊，對第三世界國家特別嚴重，尤其是作者提到的發展中國家（Global South）不僅在醫療與社福體系上遭受衝擊，也是全球經濟放緩的最大受害者，從製造業到服務業，這些國家遭受的經濟衝擊最大，同時也較無能力提出大規模的經濟紓困，更加深對經濟與社會的影響。

後疫情的經濟紓困與社會恢復，需要相當時間，才能回到正常狀態。但是，我們真的能夠回到過去嗎？很顯然是回不去了。無論是這隻病毒從防疫到社會經濟的穩定，及國際交流和全球化的進展，都受到疫情的嚴重影響，因此這一次新冠肺炎全球大流行，產生五種不同層面的危機：

1. 公共衛生危機
2. 社會穩定危機
3. 經濟發展危機
4. 政治治理危機
5. 國際秩序危機

以上這五個危機的幅度是從國內到國際、從個人到人類未來的發展，可說是當代歷史上最嚴重的公共衛生危機事件（沒有之一），不僅造成全球幾乎每個國家、每個社區以及每個人都驚慌恐懼，也使得絕大部分的社會與經濟因此停擺長達數個月之久。

新冠肺炎的出現考驗政府的治理能力、危機處理以及政治體制的適當性。政府必須強力介入社會運行與經濟活動，建構有效處理疫情的措施，但是強勢作為的反效果就是剝奪自由人權，許多評論因此擔心大政府或集權治理的後續影響。至於新冠疫情對於國際社會的影響，可能是最外顯的，特別是阻斷全球化與國際交流方面，中美對抗關係也產生催化效應。

後新冠的各國與國際社會，會有哪些變化與特徵呢？新冠肺炎真的會對國際關係產生結構性影響嗎？我認為答案是肯定的，後新冠世界有著五個特徵：

- 戴上口罩的全球化
- 國家經濟主權擴大
- 美國領導力下降
- 中美新冷戰對抗
- 區域互賴亞洲整合

第一、戴上口罩的全球化

戴上口罩的全球化將會是「新常態」，意指三項主要新變化將成為日常政策與措施，分別是防疫超越反恐、衛生安全被視為非傳統安全威脅，以及國際旅遊、移動和交流等在短中期將會大幅縮減。

首先，防疫超越反恐，從此各國防疫措施將會嚴格實施，甚至超越對抗恐怖主義的安全措施。二〇〇一年九一一恐怖攻擊發生後，無論是機場安檢、貨物檢查、或是金融與反洗錢等相關規定，都出現嚴格反恐安檢與新措施，數年下來相關的反恐措施也已經變成國際活動與全球化的一部分。

因此這一次的全球大流行，發展治療抗體藥物與疫苗勢在必行，但是由於擔心疫情持續擴散，未來各國在防疫措施上將會超越反恐的措施，採取更加嚴格的要求。相關的防疫要求從口罩、體溫、檢測與證明、相關隔離措施商品、國際農漁產品檢驗等，都會增加更多的防疫措施與規定，因此防疫超越反恐，將會成為未來戴上口罩的全球化的新常態。

其次，各國會更加重視衛生安全議題。衛生安全議題會被各國視為對國家社會與經濟的「非傳統安全威脅」。雖然不是軍事衝突的安全威脅，但是病毒傳染與疫情衝擊所造成的社會與經濟破壞，有時不遜色於戰爭所帶來的破壞結果。因此衛生安全將會被各國全面性地提升；從國家戰略與政策上、到社會經濟與衛生安全措施上，以維持國家衛生安全與防疫的措施，以避免類似新冠疫情的再爆發。

然後，國際旅遊、國際移動與國際交流，在短中期間都將會大幅地縮減，所謂短中期是指三年之內而言。國際航空在疫情期間只剩兩成、甚至一成不到的營運量。國際旅遊與國際交流等活動，仍然是處於短期內難以恢復的狀態，在各國建構出因應疫情的衛生安全措施前，任何的國際旅遊在短中期內應該是回不去了！

第二、國家經濟主權擴大

全球化在近代歷史上有著重要角色，推動跨國貿易與自由經濟，不僅是商品、資本、人力資源等的國際流動，更伴隨文化、新創與理念的國際交流與融合。另一方面，全球化過程也讓許多民族主義者憂心，全球化使得政府逐漸失去對於自身經濟主權的掌控，國家經濟主權弱化的結果，是政府對經濟政策與利益的決定權移轉到以國際貿易體制為主導，這是許多傳統民族主義支持者所不能接受的。此次疫情的改變為以下四點：

- 經濟全球化受挫
- 政府掌經濟主權
- 國內優先民粹漲
- 產鏈重組依賴減

其實，全球化在疫情發生前，就歷經金融危機、中美貿易戰，已經是傷痕累累。新冠肺炎促使國家關閉邊境，跨國人員流動驟然停頓，而受疫情影響較深的地區更必須採取緊急事態與隔離，這使得工廠停工，產業鏈因此中斷。貿易與產業鏈的中斷，凸顯國家過去仰賴外國生產的脆弱性問題，特別是醫療產業、科技產業及國家安全相關產業，使得許多政府感到憂心。

全球中間產品占貨品貿易總量的五成以上，使得全球產業鏈緊密結合，其中尤其是汽車、電子和機械設備產業，全球產業價值供應鏈的融合程度高，只要有一個環節中斷，就會直接衝擊產業鏈。高度全球化的產業鏈在過去是引以為傲的做法，如今卻是關鍵性的一擊，產業鏈融合度與依賴度愈高，受創影響愈大。

因此此次疫情直接帶起鼓吹國內優先的民粹意識，政府必須有效掌控國家經濟主權，重要產業鏈必須回到國內，或至少鄰近與友好國家之間；換言之，過去全球化發展下，受到企業成本與市場因素決定的產業鏈，現在必須重新調整，必須優先考量國家內部需求，減少對於他國（特別是對於中國產業鏈）的深度依賴。

早在新冠肺炎發生前，中美脫鉤就已展開。貿易戰重組全球產業價值鏈，貿易與投資移轉出現大幅移動；科技戰更讓國際社會的全球化，可能變成兩個「半球化」，中美各自部署自主科技競爭板塊。特別是美國對中國大陸的科技冷戰，除了貿易與安全理由外，主要在打擊中國科技發展，在中美爭霸中設下難以跨越的科技鴻溝。

面對新冠肺炎對於全球化的影響，我在此提出「全球新冠化」（gloCOVIDzation）概念，將「新冠」與「全球化」這兩個詞結合，代表全球化因為疫情的影響，出現新的轉折變化；全球化有三項主要特質，分別為自由貿易、國際分工及全球流通，新冠疫情雖然不至於消滅全球化三項特質，也不會造成全球化的結構性逆轉，但將會有全面性衝擊。全球化不只戴上口罩，國際流通與移動會有新的防疫措施與機制；全球化進程也會有不同以往的新面貌，新的全球與區域產業鏈，這些都是受到新冠疫情影響下的全球化新面貌。

第三、美國領導力下降

這次新冠肺炎全球大流行也反映出，各主要國家的危機因應作為，以及國際合作領導意願與能力；特別是美國的領導力下降，讓各國不得不自求多福與另謀替代機制。所謂美國領導力下降，一方面肇因於川普個人風格與其政府的決策作為，另一方面也是看到美國政治體制問題與政治文化的自我利益至上的影響。

許多國際事務評論家指出，全球大流行顯示出，川普總統不僅是美國的災難，也是世界的災難。對人民而言，川普沒有嘗試團結美國，反而在疫情期間繼續分裂，攻擊政敵民主黨州長的防疫作為，鼓動支持者抗拒防疫隔離，企圖讓對手們無法靠防疫加分。川普建議研究清潔劑是否可以消滅病毒，讓衛生官員無言以對，面對媒體質疑他可能造成謠言與誤導，他的回應居然是貢獻個人才能於防疫措施！

對於國際社會，川普政府非但沒有領導國際合作抗疫，反而不斷攻擊世界衛生組織與中國的關係，甚至中斷經費援助，並威脅斷絕美國與世衛的關係。為了防止病毒進入美國，川普也計畫派遣軍隊到加拿大邊境，讓世人感受到川普的自我中心思維。此外，美國的聯邦制度，造成聯邦政府與州政府之間，以及各個州彼此之間，在防疫措施的不同調與差異，都是疫情不斷擴大的原因。

川普總統上台後執意以單邊主義推動對外關係，取消參與TPP（跨太平洋夥伴協定）、巴黎氣候協定、伊朗核子協定等多邊條約，使得美國不再領導國際多邊合作。疫情期間更是表現出一切以美國利益（其實是川普利益）為依歸的外交政策，讓歐盟國家都無法接受美國的領導。若美國想維持「超級大國」的影響力，必須先找回各國對美國領導的信心，但這實非容易之事。

第四、中美新冷戰對抗

哈佛大學約瑟．奈伊教授指出，「如果新冠肺炎是一場考試，中美兩國都考砸了！」奈伊認為中美兩國仍在爭奪零和政治利益，卻很少相互合作防疫。新冠病毒不斷擴散的同時，美國與中國也在疫情問題上針鋒相對，相互指責，顯然疫情並沒有改變大國之間的權力對抗與地緣爭奪，反而藉此擴大雙方的對峙。川普總統與蓬佩奧國務卿兩人不時批判中國的各項問題，北京方面也強硬回應，中美兩國的冷戰態勢已成定局。

回顧歷史，瘟疫與戰爭的關係異常緊密。當中美脫鉤因新冠肺炎引發的仇恨政治加速擴大，兩國政府之間的不信任與對立加深之際，兩國在軍事與地緣政治發生意外或衝突的可能性大增。受到疫情的影響，中美兩國的互信呈現歷史上最低點，中美新冷戰將會進入到全面對抗階段，無論川普總統是否連任，反中已經是美國兩黨共識，只是民主黨會採取較理性但更綿密的戰略布局。

由於中美兩國都是核子武器大國，雙方會避免進行毀滅性軍事戰爭，因此新形態冷戰將會在許多層面展開，消耗對方國力與影響力，這會是一場長時間、多層面對抗的消耗戰。我認為目前中美兩國在後新冠的新冷戰，將在以下五個層面展開與擴大：

- 貿易戰：保護主義與貿易制裁
- 科技戰：科技壁壘與智財權戰
- 網路戰：虛擬國防與網路安全
- 熱點戰：地緣政治與海權競逐
- 代理戰：軍備競賽與代理戰爭

中美貿易戰與科技戰是川普政府從二〇一八年啟動，針對雙邊貿易逆差的關稅制裁，以及針對中國科技公司（特別是華為公司）的科技圍堵措施。網路戰則是一直以來美國對於中國大陸網軍的指控，隨著網路技術發展，網路安全議題成為軍事安全的重要環節。

至於熱點戰是指最有機會出現軍事戰爭的地緣與海域衝突，中美雙方在臺灣海峽與南海，最有可能發生意外事件進而升高至軍事衝突。特別近幾年在南海，中國大陸的填海造島，美國的「自由航行」軍事行動，其間美國海軍雖然出現官兵感染新冠病毒事件，但是很快重新部署，讓雙方海上軍事呈現一觸即發的緊張狀態。

至於代理人戰爭，則是大國透過第三國消耗對方實力與威望，並避免大國直接發生軍事衝突。近來美國對臺灣支持超乎尋常，國會通過各種挺臺法案，擴大軍事武器出售，川普官員更偶爾以臺灣反諷北京（雖然川普前國安顧問波頓認為川普不是真正挺臺灣），但看在國際關係學者眼中，這就是在打「代理牌」，測試北京的兩岸底線，兩岸風險也因此提升。

第五、後新冠的亞洲整合走向，以及亞洲世紀是否將來臨？

進入新世紀，特別在近十年來，亞洲快速形成一整體區域，開始在國際政治經濟上，具有舉足輕重的地位和影響力。特別圍繞在中國大陸逐漸展現經濟與貿易影響力，以及東南亞國家的整體發展，亞洲整合也以加速度方式前進。近年CPTPP（跨太平洋夥伴全面進步協定）已經開始生效，RCEP（區域全面經濟夥伴協定）也將完成談判，亞洲整合是近年重要區域地緣經濟政治議題。

此時要問的是，在後疫情的國際政治經濟中，是否亞洲整合會加速進行？還是會受新冠疫情影響，亞洲各國反而加深不信任，各國採取較保守的保護主義政策，抗拒並延後亞洲經濟整合呢？

在疫情期間，亞洲國家間當然全力面對防疫，邊境關閉、區域人員移動暫停，但是貿易關係持續，各國政府間的合作關係反而有加速發展趨勢。二〇二〇年四月疫情正在快速蔓延時，東協十國與中、日、韓三國舉行防疫線上高峰會，決定成立一檔共同防疫基金，以因應新冠肺炎。

同時，疫情期間的國際貿易受到停工與隔離影響，各國相互貿易多有減少，依據中國商務部資料，中國第一季對外貿易大幅度下滑，中國與對美國、歐盟和日本的貿易額都出現了大幅度萎縮。第一季中國貨物貿易進出口總值六・五七兆元人民幣，比去年同期下降六・四%。這段時間中國對歐盟的貿易總額為八七五九・三億元，下降一〇・四%，對美國的貿易總額為六六八〇・一億元，下降一八・三%。中國對日本進出口四六五六・八億元，下降八・一%。

但是與此同時，中國與東協十國的貿易規模卻呈現逆勢擴大，中國對東協貿易增長了六．一％，達到九九一三．四億元，因此，東協已經成為中國第一大貿易夥伴。可見中國與東南亞貿易關係加深，亞洲區域內貿易大幅增加，有助於亞洲產業鏈的進一步深化。

在中、日、韓三邊關係方面，疫情期間三國外交部長舉行視訊會議，共商抗疫大計。疫情爆發初期，日韓兩國政府與民間不吝提供中國各地口罩與醫療物資，也讓三國關係持續良性發展。到了五月初，中韓兩國疫情受到控制後，為使經濟早日恢復，工廠早日開工，兩國商務人士入境實施迅速通關制度，相關人員在入境前後只要確定新冠病毒檢測為陰性，就可省略入境後的十四天居家隔離程序，直接入境進行商務行程。

特別是在亞洲整合進度方面，作為亞洲整合的制度化機制象徵的

RCEP，許多東南亞國家的貿易部長在疫情期間都陸續發言，希望在年底前完成談判，二〇二〇年五月底，中國國務院總理李克強也表示相信年底將如期簽署RCEP，並同時積極推動中日韓自由貿易協定。

換言之，儘管新冠肺炎對亞洲國家的衝擊一樣深刻，但是亞洲整合進度不變，各國政府了解亞洲將會成為世界最主要消費市場、製造工廠，特別在疫情之後，亞洲將可能成為世界經濟發展的主要動力，亞洲產業鏈也將加速成形與深化。

最後，臺灣這次面對新冠病毒的防疫措施表現優秀，廣受國際社會注目與稱讚。但是面對全球疫情仍然有擴大情勢，以及世界經濟恢復緩慢的挑戰，臺灣如何持續面對這個世紀公共衛生大危機，仍然需要有更積極的對策，不僅是防疫措施，也應有社會、經濟、對外關係等層面的因應策略。

然而，面對新冠肺炎影響的亞洲整合加速問題，臺灣由於當前兩岸經濟制度化停滯、一直無法參加CPTPP與RCEP以及簽署雙邊FTA（自由貿易協定）也無進展，使得臺灣經濟邊緣化更加明顯。日前越南批准與歐盟的自由貿易協定而即將生效，臺灣應該加速推動與主要貿易夥伴的雙邊經貿協議，特別是美國與日本，以確保臺灣在後疫情的經濟發展，並走出嶄新局面。

前言

我們遲早全都要碰到這種事，你發現自己生活在那種難以置信的反烏托邦中，或許你會覺得是某種形式的老大哥在監視著你，或是困在看不見的迷陣裡。

二〇二〇年三月，我因為新冠肺炎的緣故必須自我隔離，當時一位朋友傳給我一張文氏圖，上面畫了十二個重疊的圓圈，每個圓圈代表一個流行的著名反烏托邦故事，包括《一九八四》（*1984*）、《美麗新世界》（*Brave New World*）、《使女的故事》（*The Handmaid's Tale*）、《發條橘子》（*A Clockwork Orange*）和《蒼蠅王》（*Lord of the Flies*）。在互相重疊的小小區塊裡，寫了「你在這裡」的字樣。沒錯，這就是我們現在的寫照，一次經歷所有的惡夢，多麼符合但丁在《神曲》中寫道：「我們在這段的人生旅途中，走進黑暗的樹林中，迷失了正道。」

卡繆在他的大作《鼠疫》（*The Plague*）中指出：「瘟疫在我們城鎮所做的第一件事情，便是流放。」我們終於對這句話有更清楚地認識。隔離二字代表的是「封閉社會」，大家停止工作，不再跟親戚朋友見面，不再移動到各地，讓生活戛然而止。

但是，有件事情是不容我們放棄的，就是談論這將永遠改變全世界的病毒。它讓我們關在家裡，籠罩在害怕、厭煩和偏執中。仁慈（卻又不那麼仁慈）的政府得密切追蹤我們去什麼地方、跟什麼人見面，以保護人民不受自己和其他人的傷害。如果沒有得到批准就在公園裡散步，可能遭到罰款、甚至入獄；跟別人接觸居然變成威脅性命的舉動。別人不請自來，跟我們接觸，等同背叛。這就如同卡繆筆下形容的瘟疫，「它抹煞了每一個人生命中的獨特性」，瘟疫無疑讓每個人更清楚自己的軟弱、更了解自己對未來其實是多麼無能為力。[1]

經過一場重大疫情後，所有活下來的人都是倖存者。新冠肺炎全球大流行已經變成經典的「灰天鵝事件」，也就是發生機率很高，又會搞得天下大亂，爆發時會帶來驚人震撼的事件。

二〇〇四年時，美國國家情報會議（National Intelligence Council）就曾預測「會出現疫情全球大流行，規模如同造成千萬人以上死亡的一九一八年西班牙大流感，一切都只是時間問題」，而且這種疫情「可能在很長的一段時間裡，造成全球旅遊和貿易停頓，各

① 阿爾貝．卡繆，《鼠疫》

國政府將動用巨額資源，用在醫療崩潰的衛生部門上。」

微軟創辦人蓋茲在二〇一五年的TED演說中，不但預測高傳染性的病毒可能引爆全球性的瘟疫，更提出警告，我們並沒有做好因應疫情的準備，即便好萊塢在用賣座電影「警告」人類。但是芭蕾舞劇《天鵝湖》中沒有灰天鵝的情節，那種可以預測、卻不可思議的例子。

瘟疫其實不是這麼罕見，但因為某些原因，卻總是會讓我們大吃一驚，而且也會像戰爭和革命一樣，徹底改造世界。但是，為何戰爭或革命會留存在人類的記憶中，流行疫病卻不是如此？

英國科學作家勞拉．斯賓尼（Laura Spinney）在她的傑作《蒼白騎士》（*Pale Rider*）中指出，西班牙流感是二十世紀最具悲劇性的事件，現在卻幾乎沒人知道。在當時，這場全球大流行病感染世界三分之一的人口，人數高達五億人之多。從一九一八年三月四日記錄的第一個病例開始，到一九二〇年三月所記下的最後一個病例為止，這場疫情大流行的死亡人數高達五千萬人到一億人。就單一事件的死亡人數來說，西班牙流感超過一次大戰（一千七百萬人死亡）和二次大戰（六千萬人死亡），甚至是兩次大戰的總和。但是斯賓尼指出：「問到二十世紀最大的災難是什麼時，幾乎沒有人回答西班牙流感。」[2]更讓人訝異的是，連歷史學家似乎都忘了這場全球大流行。

二〇一七年時，世界最大的線上聯合目錄（*WorldCat*）中，大約列出八萬本（用四十多種語文寫作）有關第一次世界大戰的書籍，但是只有四百本書（用五種語文寫成）是在談西班牙流感的書籍。

②勞拉．斯賓尼，《蒼白騎士：西班牙疫情大流感如何改變世界》

明明死亡人數比一次大戰死亡人數高出五倍的流行疫病，相關書籍怎麼可能只有一次大戰的二百分之一呢？為什麼我們記得戰爭和革命，卻會忘掉瘟疫呢？疫情徹底改變我們經濟、政治、社會和建築的程度，可是跟戰爭一樣劇烈。

斯賓尼認為，主要原因是要計算遭到子彈射殺的人比較容易，要計算病毒害死的人數比較難。目前有關新冠肺炎死亡率的爭議，似乎證明了她的說法正確。另一個原因是要把流行病變成好故事相當難。美國密蘇里州華盛頓大學心理學家亨利・羅迪格（Henry Roediger）和馬格達連納・艾貝爾（Magdalena Abel）表示，大家通常只記得「少數重大事件」，而且是要具備「提到起點、轉捩點和終點」的重大事件。[3] 以這種敘事結構來說，要敘述西班牙流感（或任何其他疫情大流行疫病）的故事很難；流行病就像孤兒一樣，我們永遠不能完全確認其起源，而且也像網飛（Netflix）的影集一樣，這一季的結局不過是下一季的開頭。流行病和戰爭的關係像某些現代文學和古典小說的關係一樣，缺少明確的情節。

疫情爆發的第一週，搭乘大眾交通工具時，旁邊若有人咳嗽和猛噴口水時，我們會深感驚恐，但是這種可怕的感覺會被記住多久？那種夜裡起床、查看家人是否仍然正常呼吸的記憶會存在大腦多久？我們無法或者說不願意記得流行病這種事，大概和我們厭惡隨機死亡與苦痛有關。人們很難忍受毫無意義又反覆無常的痛苦；新冠肺炎使得臨終病人死得很悲慘，原因不光是無法呼吸而已，也是因為沒有人確實能夠解釋因為瘟疫死去會有什麼意義。

「但是瘟疫到底代表什麼意思？」卡繆小說的一位角色問，答案

③ 同上

是：「代表生命，如此而已。」

多數人都無法接受沒有人該為疫情負責，不能責怪任何個人、機構或國家的狀況。於是，我們能做的是為這種悲劇，鎖定更高層次的理由；中世紀時，歐洲人認為黑死病在短短十年內，造成三分之一到三分之二人口死亡，是代表上帝的懲罰。這種想法引發街頭一波波的鞭笞儀式，信徒自我鞭笞到血肉淋漓，指責指向猶太社群，猶太人遭到的指控包括在水井裡放毒、惡意傳播疾病給基督徒等等，結果引發一段慘烈的反猶太主義時代。

今天，這類解釋就留給陰謀論者。網路上充斥著形形色色的「假說」，主張冠狀病毒是人口控制的陰謀，是機密行動，或者只是第五代通信設備（5G）輻射造成的傷害。還有很多人認為，冠狀病毒是中國征服世界的祕密生化武器，也是美國要抑制中國崛起的生化武器。不過，在西方社會中，最能讓人信服的陰謀論是菁英和媒體製造疫情，以便軟禁社會，提高製藥大廠的獲利。我們從中學到的教訓是：面對疫情隨機殺人的恐懼時，最激進的方法是否認病毒的存在。

另一個不同是：戰爭才能激起英勇勝利的承諾，在愛國式的敘述中，士兵不只是死去，而是為別人犧牲性命。九一一恐怖攻擊的受害者，同時也是恐怖分子不人道的象徵，蓋達組織發動攻擊後，只要美國國旗到處飄揚，「美國對抗恐怖分子」的意識立刻形成。戰爭故事會展現一般人發揮超卓勇氣、犧牲性命、拯救他人的事蹟。美國哲學家威廉・詹姆斯（William James）就把戰爭稱之為「訓練社會凝聚為一體的血腥護士」。

但是瘟疫中沒有跟團結有關的英勇事蹟。醫生和護士是用專業和責任對抗病毒，而不是出自戰爭式的英勇行為。這場全球對抗冠狀病毒的戰爭，不是你死我活的戰鬥。義大利科學家卡洛・羅維里（Carlo Rovelli）的話和政客的說法不同，「死亡最後總是會獲勝；因為我們是凡人。現實就是大家全都倍加努力，好讓彼此在短暫、痛苦、辛勞、生命似乎比任何時候都美好的此刻，能夠多活一些時間。」[4]

疫情也打翻我們所有的認知。突然之間，社交距離和團結一心致變成同義詞，體膚之親代表背叛，貼面禮變得很危險，擁抱也是一樣。親朋好友在此時此刻構成最大的感染風險，陌生人反而不再威脅我們的生存，我們不能隨便怪罪外國人或菁英，這是一場沒有壞人的危機。

但這也比戰爭讓人困擾得多，戰役可以在地圖上按圖索驥，冠狀病毒特別可怕的地方，卻是會像恐怖分子一樣傷害我們。大部分人受到感染後，好幾個星期都不會出現症狀，而且可能根本是無症狀，但是病毒傳染的速度卻讓人膽戰心驚。我們一旦了解病毒只要花幾個月時間，病例就可以從一千個，增加到幾乎人人都受到感染的程度時，自然會有絕望和人心惶惶的感覺。

新冠肺炎到底什麼時候會結束，我們所能得到的線索屈指可數，我們也不知道疫情會用什麼方式結束。我們現在只能預估這對政經方面的長期衝擊。歷史學家很清楚：「真正的流行疫情是一種事件，不是一種趨勢」[5]，就像醫學歷史學家查爾斯·羅森柏格（Charles Rosenberg）說的一樣，「疫情在某一個時刻開始流行，遵循張力日

④ Carlo Rovelli, 'Coronavirus, a lezione di umiltà: siamo fragili ne usciremo uniti', Corriere della Sera, 1 April 2020.https://www.corriere.it/esteri/20_aprile_01/coronavirus-lezione-umilta-siamo-fragili-ne-usciremo-uniti-6a285592-7448-11ea-b181-d5820c4838fa.shtml

⑤ Charles Rosenberg, Explaining Epidemics (Cambridge University Press, 1992)

漸提高的情節，在有限的時空舞台上前進，變成個人與集體的危機，然後趨向結束。」[6]既然如此，不論我們是否記得這段個人經驗，新冠肺炎都會深深改變我們的世界。套用英國詩人史蒂芬．史賓德（Stephen Spender）的詩句，我們絕對無法預見的是：「我們必須像是殘疾走過，肢體蜷曲成像問號一樣。」

一百年前，西班牙流感爆發時，年齡介於二十到四十歲的健康成人致死率最高，殺傷力堪比一次大戰，但正因為世界已經遭到一次大戰撕裂、耗竭及毀損。卻沒有人記得這場流感，因為長年的戰爭中已經瓦解世界一家的概念。這次新冠肺炎會一如預期，終結全球化。至於疫情會不會引發類似戰爭所造成的類似後果，我們只能猜測，但是不論接下來會有什麼發展，我們都可以信心十足地說，我們擊潰病毒後，世界會捲入另一場「懷念往事」的流行病中。

十七世紀時，懷舊被看成是大家看成可以治癒卻具有傳染性的沉痾，初始症狀為憂鬱，憂鬱來自嚮往回到自己的家鄉或某一段時光。病人經常主訴聽到一些聲音和看到鬼魂，病患會變成「生氣全無、形容枯槁」，以及「對一切事物都很冷漠」，分不清過去和現在、真實與臆想。[7]

這次疫情結束後，大家會懷念幾乎能夠隨心所欲，飛往世界任何角落；餐館人滿為患的逝去年代；懷念如果長者因非自然死亡過世，我們還能懷疑是否因為醫生誤診的關係。即使我們懷念過去，我仍然假設大家並不願意回到昨日。這就是現在和過去的差別，我們絕對無

---

⑥ 同上

⑦ Svetlana Boym, *The Svetlana Boym Reader*, eds. Cristina Vatulescu, Tamar Abramov, Nicole G. Burgoyne, Julia Chadaga, Jacob Emery, Julia Vaingurt (New York, Bloomsbury Publishing USA, 2018).

法預知未來會變成什麼樣子，但是我們卻正好活在過去的未來中。而且我們知道，過去的未來就是今天我們身歷其境的新冠肺炎。

新冠肺炎與過去危機無異？

二〇〇一年九月十一日早上八點四十六分，美國航空公司（American Airlines）第十一航次的波音七六七班機，撞擊紐約市世貿中心的北塔，立即造成幾百人死亡，還把數百人困在一百一十層樓高的這棟摩天大樓裡。十八分鐘後，第二架波音七六七、即聯合航空公司（United Airlines）的第一七五航班客機，撞進南塔。這座雙子星大樓烈焰沖天，導致周圍大樓和下方街道都籠罩在燃燒的瓦礫中，同時有數十人寧可跳下雙塔、終結生命，也不願死在濃煙烈焰中。大約三十分鐘後，第三架飛機、即美國航空的第七十七航次班機，在華盛頓特區外猛烈撞擊五角大廈西側。第四架飛機、即聯合航空第九十三航次班機，在賓夕法尼亞州墜機，機上四十人無人生還。同時，世貿中心雙子星大樓在地獄般的死亡烈焰中倒塌。

隨著悲劇的開展，全球很多媒體一致宣稱：一切再也不會相同了。這起恐怖襲擊震懾全世界的當下，我毫不知情，正坐在馬其頓首都斯科普里（Skopjie）座位半滿的戲院裡，觀看哈里遜．福特一九九七年主演的賣座電影《空軍一號》。這部片子是典型的好萊塢式自由主義電影，描述空軍一號遭到恐怖分子劫機，美國總統夫婦和女兒都在機上。劇情中，總統從恐怖分子的手中脫逃，卻面臨了著名希臘悲劇中的安蒂岡妮（Antigone）同樣的抉擇：該拯救家人還是拯救國家的榮光？毫無意外，他兩者都要救，而且一如好萊塢電影的老套，他成功了。

過去十年裡，我們一再聽說世界會永遠改變，原因不只是發生了九一一恐怖攻擊，也是因為二〇〇八到二〇〇九年間，全球經濟陷入大衰退，以及二〇一五年爆發歐洲難民潮。從某個角度來看，宣稱「世界大不如前」只是預測很多事情即將改變，但是我們知道，萬事萬物一直都在改變。然而，上述說法指向明確的事情，從柏林圍牆倒塌開始，以民主制度和資本主義為特色、由美國及其歐洲盟邦力量與意志塑造的自由世界行將結束。在上述所有危機期間，預言家都宣稱自由秩序已死，或已經病危，但自由秩序總是保有自我修復的能力，為什麼這次就會有所不同？

二〇二〇年三月中，我深受疫情擴散困擾，蝸居朋友在保加利亞鄉間的房子裡，思考新冠肺炎會怎麼改變世界的問題。我最初的答案化成文章，發表在幾份歐洲報紙上，敘述我們從這次危機初期可能可以學到的七個教訓。我預見在後疫情的世界，病毒出現前就已經存在的趨勢和衝突會強化；我依據這種邏輯，把病毒視為擴大器而不是破壞力量。我主張新冠肺炎會瓦解全球化，終結深具破壞性的過去十年，造成我們的政治、經濟和生活方式的重大變化。

我預期大家會對專業技能和科學新知恢復信心，在這種信心支持下，國家地位會重新恢復，民族主義會崛起，民主制度和大數據威權主義之間的界線會模糊化。我和很多人一樣，預期美國對全球的主宰力量會削弱（儘管我沒有預料到中國對全球的影響力會隨之上升）。根據我的了解，新冠病毒會挑戰歐盟成立的若干主要假設，為歐盟的重大轉型計畫揭開序幕。如果情勢發展不利，新冠肺炎可能觸發歐盟的瓦解。

十九世紀俄國的偉大思想家亞歷山大・赫爾岑（Alexander Herzen）有句名言，說：「歷史沒有劇本。」我也總是有同樣的感覺。我思索新冠肺炎可能激發哪些變化時，會想到作家史帝芬・李科克（Stephen Leacock）在《打油小說集》中的一句話：「羅納度勛爵一言不發，飛速出門，飛身上馬，四處狂奔。」我認為世界即將改變，卻不認為改變的方向事前已經決定好，和冠狀病毒的快篩相比，我們的預測甚至更不可靠。

戰爭還沒打完，是無法評論戰後秩序，但是我文章中提到的七個教訓激發了一些辯論，迫使我重新檢視自己的論點。基本上，我支持自己稍早的結論，但隨著疫情進展，讓我困擾的不是我提出了錯誤的答案，而是問了錯誤、過時的問題。

舉例來說，我和其他評論家一樣，嘗試預測改變的方向時，全神貫注在民主政體或威權政體比較能夠妥善處理疫情上，其實情勢很清楚，政體的性質顯然不是控制疫情成敗的關鍵要素。正如美國學者瑞秋・柯蘭菲德（Rachel Kleinfeld）主張的一樣：「即使政治人物意圖利用這場危機，來宣揚自己屬意的政治模式，但目前沒有任何的紀錄顯示成效和政體之間，有著強烈的相關性。」[8]

專制政體國家中，就屬新加坡表現優異，伊朗之類的其他專制國家卻做得相當差。同樣的，有些民主政體國家，像是義大利和美國走得跌跌撞撞，南韓、德國和臺灣等其他民主國家，卻表現的可圈可點。在柯蘭菲德的分析中，這些國家能夠有效控制疫情，成功的關鍵因素在於先前有面對類似危機的經驗、社會高度互信、國家能力高超。柯蘭菲德認為，臺灣、南韓、香港和新加坡的政體雖然不同，卻都從二〇〇二年到二〇〇三年間的ＳＡＲＳ疫情中，得到正確的教

⑧ Rachel Kleinfeld, 'Do Authoritarian or Democratic Countries Handle Pandemics Better?', CEIP, 31 March 2020.https://carnegieendowment.org/2020/03/31/do-authoritarian-or-democratic-countries-handle-pandemics-better-pub-81404

訓，並且在冠狀病毒剛開始蔓延時，就發展出快篩，才能走在病毒前面。這三個國家都訂有緊急法令，賦予政府特別權力，去追蹤感染者的足跡，這些國家並放寬隱私條款，以便足跡訊息廣為流傳，警示有受病毒感染的人接受篩檢。最後，這些國家依賴強力執行的隔離措施，來減緩疫情爆發。

所有有效打擊新冠肺炎的國家，人民都高度信任政府；政府對社會的管制成功與否，取決於自發性的服從，而非強制執行。即使中國、新加坡和南韓的政體都相當不一樣，但在公眾對政府的信任度上，這三個國家都排名在最高的前十名當中。只有公民信任的政府才能有效維持繁重的封鎖工作。

相反的，在專制的伊朗和民主的義大利，公眾對政府機關的信任度低落，導致推行社交距離時困難重重。根據柯蘭菲德的理論，政治的兩極化和對政府的低度信任，至少是美國因應這場危機時遇到困難的原因之一。

柯蘭菲德認定，政府在介入通訊、提供公衛到維持隔離政策和生產設備的能力，是成功因應這場危機的第三個關鍵因素。政府的辦事能力跟國家經濟或政體的特性之間，幾乎沒有什麼相關性，官僚體系的素質才具有決定性，預算或保健開銷的多寡不具決定性。

柯蘭菲德的研究顯示，新冠肺炎造成民主和專制體系加強政治宣傳的競爭時，世界各國對疫情的因應之道，卻造成不同政體之間的界線模糊化。民主政體和專制政體一樣，樂於侵犯公民的隱私權；同時，專制獨裁者也像要競選的民主政治人物一樣，對公眾的反應深感興趣。用英國政治哲學家大衛．朗西曼（David Runciman）的話來說：「在封鎖時期，民主政體展現了和其他政體的相似之處，換句話說，追根究柢，政治就是權力與秩序。」[9]也就是說，不論是民主還是專制政體，新冠肺炎帶來的改變，並非新版的「歷史終結」；而可能是意識形態強度下降、卻更不穩定的世界。

有時候，我們堅持到底的信念會土崩瓦解、我們對不確定性的集體意識會劇烈改變。大家開始忽略當下，取而代之的是思考未來，不論未來是大家所希冀還是害怕的東西。

只要一隻病毒就可以讓世界天翻地覆，正如我在文章中說的一樣：歐盟暫時中止運作，人民各自在自己的國家裡尋求安全庇護；民主制度處在停頓狀態中，大多數歐洲國家推出緊急法令，國會議員各自回家，遊行示威遭到取締，選舉延期，反對黨失去政治意義。這也是資本主義停滯的世界，失業率飛躍上升，全球經濟危機面對的毀滅性力量，遠遠超過當年的金融海嘯。政府對經濟市場的「干預」程度是一九八九年以來的空前新高，一時之間，國有化經濟變成了新常態。

今天我們開始相信各種可能性，是因為我們受到一些無法想像的事情圍困。我們突然能夠相信美國可能建立全民健保，中國將會取代美國，成為世界第一強權，俄羅斯總統普丁或許會失勢，歐盟瀕臨瓦解或是另組歐羅巴合眾國（European Union）。隨著飛機停飛、造成巨量汙染的企業關閉生產線，氣候變遷行動主義分子開始認為：低碳世界的夢想可以成真。歐盟會員國關閉邊境時，右派民粹主義分子開始覺得邊境可能永遠不會重開。

---

⑨ David Runciman, 'Coronavirus has not suspended politics – it has revealed the nature of power', Guardian, 27 March 2020. https://www.theguardian.com/commentisfree/2020/mar/27/coronavirus-politics-lockdown-hobbes

正如加裔美國製片人兼社運分子亞斯塔・泰勒（Astra Taylor）說的一樣，「對疫情的反應透露出簡單的真理，長久以來，政治人物一直告訴我們很多政策不可能、不可行，顯然一直都是可能又可行的……現在我們知道原來這些『規範』沒有其必要性……這個前所未有的機運不只是按下了暫停鈕、緩解了苦痛，更永遠改變了遊戲規則。」[10]

這是轉機、卻也是嚴重的危機

「大家因為想像力貧瘠而受統治」已經不再是祕密。[11]

新冠危機釋放了大眾對政治的想像空間，也矛盾地癱瘓了菁英階層的政治想像力。政府被迫推行一系列特別政策，但仍然期望疫情結束後，世界能回到從前。

政治不是藝術。二十世紀俄羅斯文學理論家維克多．史克洛夫斯基（Viktor Shklovsky）主張，在藝術中，「慣性認知是致命的，會吞噬作品、衣服、家具、妻子和對戰爭的恐懼。」史克洛夫斯基相信藝術作品擁有讓熟悉變成不熟悉的能力，強迫我們用嶄新的視角，看待日常事物。政治卻以大相逕庭的方式運作，讓我們把不熟悉看成熟悉。藝術啟發大眾對「正常」的看法，政治卻把異常變成微不足道。

這就是為什麼政治人物往往以錯誤的方式對付危機，歐洲國家對

⑩ Astra Taylor, The Rules We've Lived by Won't All Apply', in 'Coronavirus Will Change the World Permanently. Here's How', Politico, 19 March 2020. https://www.politico.com/news/magazine/2020/03/19/coronavirus-effect-economy-life-society-analysis-covid-135579

⑪ 沃爾特．白芝浩，《英國憲法》，ed. Paul Smith (Cambridge University Press, 2001)

新冠肺炎的政治反應，正是這種做法的經典教案。歐洲政治領袖傾向不把新冠肺炎當作不熟悉的新事物，而是視之為過去十年曾經震撼歐洲的三大危機：恐怖主義、金融危機和難民潮捲土重來。

歐洲各國政府藉著宣稱病毒為「隱形敵人」，應用先前用來偵測恐怖分子的監視科技，追蹤疾病的散播，讓人民感受到新冠肺炎就是某種新式的恐怖主義。同樣的，歐盟會員國為了因應疫情，關閉彼此之間的邊境，讓人回想起二〇一五年的難民危機，以及大家對民族主義散播的恐懼。疫情強化歐盟會員國的民族國家意識之際，政治領袖將無法辨別出這場危機所引發的民族主義的獨特性質。

最後，歐盟會員國為了發行「新冠債券」而爭論不休，暗示我們面臨的是與經濟大衰退相似的金融危機。經濟學家不但同意此次的經濟危機不只是比較嚴重而已，本質也和上次的危機不同，政客卻仍然用同樣的概念，討論目前這場危機。新冠肺炎打斷了全球供應鏈，導致供需也同步產生危機，重創就業市場，失業率不斷攀升。英國經濟史學家亞當．涂澤（Adam Tooze）指出：「過去從來沒有過像這樣的崩潰，太陽底下出現了某種新事物，而且很嚇人。」然而政治人物面對不確定性時，受到本能驅使，把不熟悉的事物視為熟悉的事物，寧可無視危機的新特性。這麼一來，就忽略歐洲再度痛苦分裂的風險，因而嘗試過去曾經成功、今天卻可能無效的政策。

但是，我這次要試著把新冠肺炎當成和過去三次危機截然不同的災難。新冠肺炎是全球危機，對開發中國家的傷害可能最嚴重；聯合國世界糧食計畫署警告，到二〇二〇年底，面臨嚴重食物短缺和飢餓的人口可能倍增，達到兩億六千五百萬人。我們可能目睹一波政治及軍事衝突浪潮。

然而，在危機擴及全球之際，我卻要把焦點放在歐洲，原因很簡單：歐盟在危機過後，勢必會和過去不同，可能解體；可能轉型成二十一世紀版的中世紀神聖羅馬帝國，只有名義上的結盟；也可能變得更加團結。歐盟一直是全球化的私生子，但是去全球化的威脅可能導致整頓和進一步整合。有一件事很清楚：這場危機歐盟無法輕易矇混過去。

POLITICS AND THE PANDEMIC

第一章

「居家」民族主義

二〇二〇年四月初，義大利記者綺亞拉・帕加諾（Chiara Pagano）幽默地表示：「義大利現在比馬泰奧・薩爾維尼（Matteo Salvini）夢想的更封閉。」[1]她說得有理。過去一週裡，歐洲因疫情關閉的邊界，比二〇一五年難民危機時還多。和二月相比，三月的歐洲航空客運量比二月暴跌達九七%之多。很多自由派認為，這種跌幅是具有實質影響的悲劇：冠狀病毒用無可救藥的民族主義形式，感染了歐洲大陸，威脅到歐盟的生死存亡，而且病毒的傳播如此惡毒，更增添了邊境的神祕性。

二〇一五年的難民危機已經動搖了大歐洲的計畫，在倡導遷徙自由的人，和要求關閉國界、加深東西歐鴻溝的兩派人馬之間的裂痕中火上加油。在這場危機期間，多數歐洲人對想像中的全球化優點喪失信心，遊客和難民分別成為全球化矛盾的兩個面向。

全球化的真實面：吸引遊客、拒絕難民

觀光客落實了全球化，受到熱烈的歡迎。全球化如同這些善意的外國人來玩、來花錢、來讚嘆之後離開，使我們感受到跟更廣大的世界連結，也不需要承受它的難題。難民正好相反，展現了全球化的威脅。[2]

難民從廣大的世界過來時，已經心力交瘁，他們活在我們身邊，卻不屬於我們，他們要索求我們的資源，並考驗我們團結的極限。

吸引遊客、同時拒絕難民，是歐洲渴望的世界秩序簡化版。然

---

① Chiara Pagano, 'From National Threat to Oblivion', *Eurozine*, 2 April 2020: https://www.eurozine.com/from-national-threat-to-oblivion/.

② Zygmunt Bauman, *Globalization:* The Human Consequences (Polity Press, 1998).

而，在疫情期間，難民繼續湧向歐洲大門，遊客卻消失了。危機對歐洲的長期影響，可能是疫情造成的經濟深淵會增加歐洲邊界的壓力。

開發中國家可能是經濟趨緩的主要受害者。預測原物料價格和匯款價值大約會減少二〇%，相形之下，二〇〇八年全球金融危機時，上述減幅才只有五%而已，加上外資撤離，會迫使大家尋求本國以外的機會。同時，遊客在最近重返歐洲的可能性相當小。在關閉國界不再是缺乏團結的表現，單純只是地緣政治版本的社交距離時，歐洲人勢必會面對更多的移民。這樣可能造成歐洲政治版圖中民族主義和本土民粹主義的勝利。

歐盟能夠誕生，是因為通過了歐洲民族主義猛烈、嚴酷的考驗，這點可以說明為什麼很多支持歐盟的人，連些微的民族主義氛圍都會深感厭惡的原因。自由派害怕冠狀病毒會喚起愛國主義潮流的想法，也就不難了解了，尤其是你想到排外主義在歷史上，常常伴隨著流行疫病而生，更是可能如此。這樣的爆發就像發條一樣，在這次疫情中很常見。義大利的中國移民因為所謂的「武漢病毒」，因而受到譴責，印度的穆斯林發現，自己成了執政黨中過激言論的受害人。然而，從宏觀的歷史來看，早在這次疫情初期，比起排外情緒的崛起，種族仇恨實在沒有不爆發的理由。

一如我們所見，新冠肺炎危機觸發的「鎖國」，和二〇一五年歐洲面對的難民危機並無不同。「居家民族主義」雖然把有關移民爭論的議題帶回風口浪尖，本質卻和種族民族主義大不相同。

不在國內，就是外國人

我們大都沒有親身經歷過戰爭、軍事政變或宵禁，但直覺告訴我們，遇到重大危險時，公民會衝動地贊成關閉國界。政客會藉著這種行動，宣告自己已經準備好，要為國內發生的事件負責。大家除了在自己的國家裡尋求庇護，也會回到祖國尋求庇護。心理學家已經證明，大家處在極度危難時，會說自己的母語。我在保加利亞度過童年，在觀看大量蘇聯製二戰電影中學到了寶貴的一課。對於在希特勒第三帝國中活動的蘇聯女間諜來說，她們最危險的一刻就是生產時，因為她們會不由自主地以母語俄語叫喊。

敦促大家「待在家裡」的訊息，不只鼓勵大家把家看成最好的生活和工作地點，也帶有一種形而上的意義。家是我們碰到嚴重危險時最想待的地方。讓我驚訝的是，我的家人發現社交距離無法在短時間內結束，因而決定回到保加利亞。從各方面來說，這絕對不是理性的抉擇。我們在維也納生活和工作了十年，也熱愛這個城市；奧地利的公共衛生系統遠比保加利亞可靠多了，而且我們在這個城市裡，也有碰到危機時可以依靠的朋友。然而，「待在家裡」的想法才是我們回保加利亞的真正原因，對內人和我來說，保加利亞才是家。我們在危難時期，希望更靠近我們認識了一輩子的人和土地。我們並不孤單，有二十萬個旅居國外的保加利亞人做了相同的選擇。

關閉國界並不僅僅是歷史本能，也是打擊疫情最傳統的做法，是國家之間實踐「保持社交距離」的方式。一七一〇年，神聖羅馬帝國皇帝約瑟夫一世決定，在哈布斯堡帝國南部和奧圖曼帝國接壤的邊界上，建立防疫封鎖線，防堵來自巴爾幹半島的疾病擴散。他的行動大致上成功，卻無法挽救自己的生命，在一七一一年死於天花。無論如何，神聖羅馬帝國的遷徙禁令一直持續到十九世紀中葉。

「到十八世紀中葉，大約每隔八百公尺，就會有一座經過加固的瞭望塔，中間點綴著十九座過境設施，負責登記、收容每一位入境的人，並隔離至少二十一天，然後才會發給他們入境帝國領土的護照。街坊社區每天用硫磺或醋消毒，貿易貨品依據是否容易傳播微生物而分級。派駐鄂圖曼帝國領土的哈布斯堡王朝間諜，會向相關官員提供調整隔離期間、甚至暫時停止隔離的情報。哈布斯堡王朝嚴格執行這些規則。一位英國觀察家指出：「如果你膽敢違反隔離法令，你會受到快如軍事法庭般的審判，法官會在四十五公尺外的法庭上，向你大聲吼出判決……接著你會發現自己被小心地射殺、粗心地埋葬。」[3]

二〇一五年歐洲難民危機那段日子裡，民族主義偽裝成文化戰爭，形成具有侵犯性和排外性色彩，等於「我們」對抗「他們」的戰爭。民族主義分子焦慮地宣稱，本國文化即將遭到外國人摧毀。旅外的保加利亞人也是「我們」的一分子，很多世代居住保加利亞的少數民族，反而被視為外國人。新冠肺炎藉著以疆域為本質、又比較具有包容性的反向仇外心理，以公衛導向的民族主義，取代這種文化民族主義。外國人不再指不在本地出生的人，而是現在不在這裡的人，重要的東西是你的居住地，而不是你的護照。

哈佛歷史學家查爾斯·麥爾（Charles S. Maier）在大作《曾在邊界之內》（*Once Within Borders*）[4]一書中，主張疆域是一種社會政治的產物，讓國民可以據此接受統治、獲取身分，而不是依據出生地。他還寫道：「所以疆域是一種決策空間，建立了立法和集體決策所能影響的特定範圍。同時，疆域規定了強大集體忠心的領域……在

③ A. Wess Mitchell and Charles Ingrao, 'Emperor Joseph's Solution to Coronavirus', Wall Street Journal, 6 April 2020: https://www.wsj.com/articles/emperor-josephs-solution-to-coronavirus-11586214561.

④ Charles S. Maier, *Once Within Borders* (Harvard University Press, 2016).

全球化的年代裡，疆域喪失了一部分作為『決策空間』的重要性。」[5]我們中間有很多人，搬到國土以外的地方工作和生活，但疆域仍維持其作為「身分空間」的吸引力。新冠肺炎激起的「居家民族主義」把疆界重建為兼具決策空間和身分空間的東西。

就像我在拙作《歐洲之後》（*After Europe*）中說的一樣，二〇一五年的中歐難民危機中，反對外國人的歇斯底里根植於移民創傷：冷戰結束後，很多東歐年輕人遷徙到西歐生活和工作。在目前這場危機中，人口減少的恐懼和土地遭到遺棄的意識，一樣顯而易見，新冠肺炎使醫療專業人士從中歐和東歐出走的潮流，明顯得令人難過。結果造成保加利亞之類國家裡幾乎半數的醫生與護士，年齡都超過五十歲。雖然在難民危機爆發時，保加利亞人、羅馬尼亞人和波蘭人都幻想著這些同胞會回國，到了疫情流行的黑暗日子裡，他們卻希望同胞在戰勝病毒後才回國。從疫區返國的同胞跟外國人一樣不受歡迎，政府也明確表示，他們在疫情期間，只為選擇留在本國境內的公民負責。政府不再把因為任何原因、而選擇待在國外的保加利亞公民，視為是政府的責任。

以此觀之，新冠肺炎危機爆發後，第一波的發難不是「本地人」對外國人的批評，而是鄉村居民對「度假式避難者」入侵的憤慨。媒體經常報導富有的都市人從危機震央拔營，前往他們在海岸或山脈附近的度假屋，一則減少禁令帶來的不適，二則還可以利用適當的網路連線，可以從事遠距工作。但是他們的到來激怒當地居民，因為當地人害怕他們帶來病毒，傳播給醫療能量不足，無法承受病人、當地老年人收入有限而激增風險的偏鄉。法國的三、四百萬棟度假屋，是中產階級決定逃離都會中心避居的明顯例子，更是有錢人傲慢自私的另

⑤ 同上

一個鮮明寫照。

令人難堪又諷刺的是：歐洲的度假屋本來就是瘟疫的歷史遺跡。十四世紀最初幾次的黑死病爆發後，很多文藝復興時代的義大利城市居民開始投資鄉間的不動產，原因之一是為了確保危機期間，獲得可靠的食物供應。他們待在鄉間的時間愈來愈長，疫情最嚴重的夏天尤其如此，別墅生活在比較富裕的家庭中開始流行。在此次疫情中，度假屋再次成為安全的避風港，不過這次本地人並不是很開心。

對市場不信任，會強化對政府的信心

民族國家的地位能夠回歸榮耀，疫情激發的高昂民族主義是主要原因。二〇〇八年雷曼兄弟和貝爾斯登兩家公司倒閉後，很多觀察家認為，大家對金融市場不信任，必然會強化人民對政府的信心。這種觀念並不新穎，一九二九年，經濟大蕭條開始後，人民要求政府強力介入，抵銷市場的失靈。一九七〇年代正好相反：人民對政府介入感到失望，因此到了下一個十年，在雷根總統和柴契爾夫人的領導下，市場出現報復性的轉強。二〇〇八至二〇〇九年會出現經濟大衰退，原因出在大家對市場的不信任，卻沒有對政府施壓，要求政府加強干預的矛盾。世界各國類似「占領華爾街」的行動分子，雖然強烈要求政府大力推動政治和社會改造，國家卻沒有負起這個責任。

在薄伽丘著名奇聞軼事集《十日談》的一個故事裡，可以找到歐洲經濟衰退經驗的迴響。吉安諾托．迪希維尼（Giannotto di Civign）自認為，有義務把住在巴黎的猶太友人亞伯拉罕，轉變成基督徒，以便拯救他的靈魂。某一天，亞伯拉罕出發前往羅馬，告訴吉安諾托，他要見過主教群之後，才會決定是否改信基督教。吉安諾托很清楚教會會士的腐敗，因此對亞伯拉罕是否會改宗失去希望。然而亞伯拉罕回來時確實已經改信基督，並做出結論：既然基督教的領導階層這麼腐敗，基督教義卻仍然能夠蓬勃發展，就可能是上帝的真言。

我們可以看出，新自由主義的發展也有類似的過程。很多歐洲人曾經以為，如果新自由主義在某種程度上能夠在經濟崩潰後，毫髮無損地倖存下來，那它可能就是真理。不過才十年，新冠肺炎就強迫大家重新評估政府在生活中的定位。因為疫情的關係，大家仰賴政府規劃公共衛生，並依賴政府挽救直線下墜的經濟。有趣的是，現在評估政府的效率，依據的標準是政府改變國民日常行為的能力如何；處在危機中，不作為是最明顯的作為。大家做好準備，能夠容忍政府限制人民的重大權利，卻不能容忍不準備採取行動的政府。

從新冠肺炎等同歐洲難民危機的角度來看時，會忽略這場危機的兩個面向。首先是社交距離的政策，中央政府獲得額外權力之際，也強化了地方政府和區域個體的存在感。第二、關閉歐洲國界可能暴露民族主義的極限。在經濟焦慮主導公眾議論的時候，歐洲人可能發現，現在的民族主義和十九世紀的情況不同，在經濟上無法永續維持。討論各國經濟時，美國和中國能夠懷抱自給自足的幻象，歐盟也能從謹慎的「去全球化」中獲利，歐洲小國卻毫無機會。歐洲人很快就會明白，和歐陸其他國家結盟，是他們唯一所能得到的保障，但是以貿易保護主義的某種形式表現出來。

冠狀病毒和自由民主制度有一點相通：也就是大致都很平等。冠狀病毒和霍亂之類的疾病不同，不會在擁擠的城市裡，鎖定塞滿貧民、水源遭到汙染的住戶，而是不分貧富，發動無差別攻擊。然而，冠狀病毒的平等主義也和自由民主制度一樣，可能只是個幌子。社會遭到病毒襲擊後，會出現各式各樣的不平等，美國的初步資料強烈顯示，死亡跟所得與種族強烈相關。

冠狀病毒雖然可能無法平等對待每一個人，卻強化了我們全都住在地球村的概念。這次危機和上次經濟衰退不同的是，富有和有權有勢的人不能帶著財富離開。機場關閉後，菁英分子失去了緊急逃生出口；瘟疫流行期間，英國評論家大衛．古德哈特（David Goodhart）說得好，「來自任何地方的人」和「來自某些地方的人」之間，並沒有什麼差別。[6] 冠狀病毒把每個人都放在共同基準點上，而且這次「來自任何地方的人」都急切地尋找某些地方。

被疫情塑造的C世代

在二十世紀的典型夢魘中，核子戰爭同時威脅所有人類的生命。

然而，在此次疫情中，可能死亡的是年齡比較大的長輩。選擇尋歡作樂、聚會活動的愚蠢歐洲年輕人，只可能冒著短暫致病的危險。從這個角度來看，流行病和氣候變遷很像，是全球性的災難，對每個人的影響卻不相同。如果說，恐怖主義造成了不對稱的威脅，冠狀病毒就是造成了不對稱的恐懼。

法國社會學家布魯諾．拉圖（Bruno Latour）對川普之流本土主義政客，何以否認全球暖化確實存在的原因，說出了令人信服的解釋。他們並非對問題視而不見，也不是不相信科學，而是擔心我們不是全部存活就是全部死亡的說法，因為他們的基本政治直覺具有零和遊戲的性質，也就是有些人會存活下來，其他人會死亡。他們拒斥自由國際主義的原因，是這種主義承諾全球通力合作可以拯救人類。[7]

---

⑥ David Goodhart, *Road to Somewhere* (Hurst & Co. Publishers, 2017).

⑦ Bruno Latour, *Down to Earth* (Polity, 2018).

我們從他們因應新冠肺炎的反應中，也可以看到類似的邏輯。氣候變遷是會對不同地區和人民造成不同影響，新冠肺炎也因著「既存條件」而產生所謂的歧視，例如美國黑人和窮人之分。

冠狀病毒也會篩選感染後能夠存活的人，因此強烈衝擊世代之間的動態平衡。討論氣候變遷風險時，年輕人批判他們的父母輩沒有嚴肅看待未來。冠狀病毒也扭轉了這種動態：社會上的長輩比較脆弱，認為年輕人不願意改變生活方式，對長輩構成了威脅。如果危機會持續很長一段時間，世代之間的衝突會愈加強烈。同時，保持社交距離讓我們能夠想像父母輩和祖父母輩是怎麼過日子的，「待在家裡」正是疫情爆發前他們的生活方式。我跟家母聊天時，才知道疫情開始前，她大部分時間都待在家裡，害怕死亡，祈禱她的醫生裝備齊全，也像所有的祖母一樣，等著孫子女打電話來。

老年人感染冠狀病毒時雖然特別危險，年輕人受到疫情帶來的經濟衝擊卻最大。最近美國一份驚人的調查報告指出，四十五歲以下的人，有五二%不是因為疫情而失業或放無薪假，就是被迫減少工時。只不過十年前，西方世界的年輕人才遭到經濟大衰退重重打擊，南歐的千禧世代在三十五、六歲前，就碰到兩次重大危機。二〇一〇年代中期，有四〇%的義大利年輕人沒有工作，西班牙則有一半年輕人失業。美國的研究人員已經開始討論「C世代」，「C」代表的是冠狀病毒。這個世代會由疫情來形塑，不管他們是剛剛出生的新生兒、兒童、大學生，還是勉強維持第一份工作的年輕人，情形都一樣。這一代人可能會在毀滅性的經濟衰退中成長。

新冠肺炎不只深化了現有的社會和政治鴻溝，也創造了新的分裂。世界各國政府決定鎖國時，觀察家很快就注意到「保持社交距離」是屬於中產階級的奢侈品。也有人認為這是完全不同的東西，在美國很流行的一張海報上，畫著右翼反對鎖國禁令的示威者，還寫著「保持社交距離＝共產主義」。社會區分為仍然堅守必要工作崗位和能夠在家工作的人。測試抗體並派發免疫護照的想法很受企業界的歡迎，因為這樣可望更早啟動經濟。卻也會把社會區隔成兩個族群：一種是能夠自由移動、對其他人較無危險性的人，一種是大家看成具有較高風險的人。不足為奇的是，企業錄用有抗體員工的意願高多了。

社會開始討論鎖國之下的「開放策略」時，英國和其他國家討論的一個選項，是讓年輕人帶頭，方式可能從重新開放學校開始，接著讓即使感染冠狀病毒、病情也不會很嚴重的年輕人回到工作崗位上。有些政策專家建議對沒有和父母同住的二十幾歲年輕人解除封鎖，這樣可以釋出大約四百二十萬人。有些人開玩笑說，「年輕人優先」的政策可能導致降低「酒吧喝酒的年齡限制」。這些政策都會產生贏家與輸家，而且如果冠狀病毒造成的限制持續得夠久，就會改造社會。

民粹主義再次崛起？

十六世紀法國人道思想家蒙田說：「恐懼的強度超過所有的混亂失調。」而且恐懼可以促使民粹主義分子掌握大權。因此我們不必訝異怎麼會有這麼多人認為：右翼民粹主義分子會是冠狀病毒危機中的最大贏家。但是過去十年間，民粹主義會興起，應該用恐懼還是該用焦慮來解釋？

心理學家雖然指出恐懼與焦慮是近親（都包含了危險的概念），卻也強調恐懼是對特定可見危險、例如害怕被致命疾病感染的反應。相反的，焦慮是認為未來會變得散亂、失焦、又沒有目標，大家擔心下一代會過比自己還糟的人生，擔心移民將取代他們。大家擔心迎面而來的氣候災難，或擔心外星人可能入侵。焦慮的人也會憤怒，恐懼的人卻沒有生氣的餘裕，因為他們太忙於努力求生存。民粹主義分子善於利用焦慮的人的憤怒，焦慮的人和恐懼的人行為不一樣。愈來愈多社會心理學文獻主張，大家在恐懼之餘，「對於自由行動所受到的限制，會發展出高度的謹慎和自我意識，而且會把恢復比較高度凝聚力和明確性的願望，作為主要目標。」[8] 德國評論家馬塞爾．萊希—拉尼基（Marcel Reich-Ranicki）在回憶錄中坦白承認，二戰期間，他住在華沙猶太貧民區的那幾個月裡，雖然把所有時間都用在閱讀上，卻不曾拿起半本小說，因為他害怕如果他拿起小說來看，可能還沒看完，自己就過世了。

疫情最緊迫的階段過去後，大家不再害怕失去生命時，恐懼會回來，瑪琳．勒朋（Marie Le Pen）和薩爾維尼之流民粹主義政客可能重振聲勢。然而，現在因為新冠肺炎造成十分嚴重的恐懼，才使政府克服民粹主義者的雄辯，在這一役中贏得勝利。馬克宏和孔蒂的支持率會攀升，民粹主義挑戰者的支持率會下降，是因為恐懼的人不會找人傾訴心中的沮喪，而是會找人保護他們和提供知識。因此，新冠肺炎改變了公眾對專業技術的態度，相信有能力的政府會帶來社會福祉。相形之下，上次金融危機後，出現的是對專家和科技官僚的不信任。

溫和的去全球化

歐洲領袖面對新冠肺炎帶來的政治挑戰，正面臨下述策略性的抉擇：可以為維持開放邊界和全球化的世界而戰，也可以努力達成比較溫和的去全球化。我建議他們應該注意第二個選項。新冠肺炎下的全球化、加上十九世紀的經濟民族主義不再是歐洲中小民族國家的選

⑧ Ira Katznelson, *Fear Itself*: The New Deal and the Origins of Our Time (Liveright, 2014).

項，也許會為以歐盟為中心的新興領土民族主義帶來機會。冠狀病毒告訴歐洲人：如果他們想保持安全，就不能容忍大部分藥物或口罩在歐洲以外的地方生產。同樣的，他們不能依賴中國企業打造歐洲的5G網路。

在這場危機的危險期中，我們看到各個國家自力更生，戰勝了彼此的互惠互利。義大利請求盟國提供緊急醫療設備時，沒有一個歐盟國家有回應。德國一開始就禁止醫用口罩及其他防護裝備出口，法國則徵用國內生產的所有面罩，歐盟執行委員會被迫介入，調節醫療設備的出口。

新冠肺炎導致歐洲懷疑論在義大利和西班牙等國興起時，歐盟成員國極度不團結，可能導致歐陸四分五裂的議題，再度搬上檯面。回歸民族國家雖然是面對公衛危機時的正確反應，但是在缺乏美國領導、又遭到美中對立拆散的世界裡，一個更團結的歐洲和擁有緊急權力的布魯塞爾可能是面臨下一階段危機時，唯一實際可行的解決之道。

新冠肺炎形成了一個絕大的矛盾，就是關閉歐盟會員國之間的國界、把人民封鎖在他們住的公寓裡，反而讓人民的國際化程度上升到空前未有的高峰。全世界人民可能是有史以來第一次，擁有共同的話題、分享相同的恐懼。大家待在家裡，花無數時間，坐在電腦和電視螢幕前，把自己碰到的事情，拿來和其他地方居民碰到的事情比較。這種時刻很奇特，在我們的歷史上可能絕無僅有，但我們不能否認，這樣感覺起來，好像我們正在占領一個共有的世界。

二十一世紀下的全球化，給予人們一個可視的錯覺，只有具有活動力的人，才能真正周遊世界，而且只有在不同地方都能自由自在過活的人，才能保持普世主義觀點。但事實上，世界主義者康德一生之間，從來沒有離開過自己的家鄉柯尼斯堡（Königsberg）。他的故里在不同的時代，曾經屬於不同的帝國，但他總是偏好待在這裡。今天的全球化（或去全球化）的矛盾可能起源於他。新冠肺炎用世界主義感染了全球，也同時讓各國轉而反抗全球化。

POLITICS AND THE PANDEMIC

第二章

民主是獨裁的比較級

傳染病讓社會染上恐懼。雖然傳染病可以激發人民的至善，卻也可能引出政府的至惡。在文學作品中，流行病是常用的隱喻，暗指失去自由和威權主義的開端。對馬基維利來說，瘟疫和疾病描繪了錯誤統治和腐敗主宰國家的現象，卡繆的小說《鼠疫》就是比喻法西斯主義。因此，冠狀病毒出現是否暗示西方自由民主制度的沒落呢？

開放民主網站（openDemocracy）二〇二〇年四月的報告指出，目前有超過二十億人所住的國家，為了對抗新冠肺炎，採取限制或停開國會的緊急措施。[1]但不只是立法部門受限，鎖國也削弱了法院的角色。政府禁止人民離開家門，選舉如果不是暫停，就是在無法進行公平政治競爭的氛圍下舉行。媒體管制激增，在疫情導致可靠的訊息空前重要的時候，經濟危機卻威脅到發布與傳播訊息的媒體財務生命線。

很多政治分析師害怕疫情會把民粹主義分子推向權力高峰，一旦這些蠱惑人心的政客掌權，他們會利用危機扼殺民主，實施某種獨裁統治。這些分析師指出，疫情對政治的長期影響是：即使冠狀病毒遭到消滅，管制禁令仍然會長久有效。他們最後還指出，這場危機中，最明顯的地緣政治結果是中國對全球的影響力提高。

我同樣也有這種恐懼。新冠肺炎對有著「現存病史」的人特別危險，過去十年裡，西方自由民主制度一直苦於功能不良，大家對民主體系的信任度也急劇下降，民粹主義黨派乘著社會的憤怒和沮喪崛起。最近頗具影響力的兩本書說出了這個概念，一是史蒂文・李維茲基（Steven Levitsky）和丹尼爾・齊布拉特（Daniel Ziblatt）合著的

① 'Alarm as 2 billion people have parliaments shut or limited by COVID-19', openDemocracy, 8 April 2020: https://www.opendemocracy.net/en/5050/alarm-two-billion-people-have-parliaments-suspended-or-limited-covid-19/

《民主國家如何死亡》(*How Democracies Die*)[2]，另一本書是朗西曼所寫的《民主會怎麼結束》(*How Democracy End*)[3]。我們可以合理地預期：這場危機發生前的一些負面政治走向，會因為新冠肺炎疫情而強化，甚至會加速推展。然而，雖然有關歐洲民主制度前途的憂慮確實存在，我卻認為，情勢可能更為複雜，卻可能沒有這麼暗淡。

獨裁制度乘勢而起

我們都很清楚煮青蛙的最好方法：如果我們把青蛙丟進沸水裡，青蛙會立刻跳出來，但是把青蛙放進冷水裡慢慢加熱到沸騰，青蛙會感知不到危險而被緩慢燙死。很多評論家認為，新冠肺炎流行期間，自由民主制度變成了傳說中的青蛙，匈牙利總理維克多·奧班(Orbán)就是緩慢增加國內水溫的政治領袖。

二〇二〇年三月三十日，匈牙利通過法案，授權總理無限期依據政令統治的權力。新的權力包含可以暫停執行某些法律、甚至是跟疫情無關的法律。匈牙利還針對散布不實或扭曲新聞的人處以徒刑，再次激起侵害國內新聞自由的恐懼。不足為奇的是，在國會以一百三十七票對五十三票的認可下，選舉和公投也要延後到緊急狀態結束後才要舉辦。

可以預見的是，反對黨攻擊這個舉動不但沒有必要，也意圖拆毀匈牙利已經岌岌可危的民主制度。前任歐盟高峰會主席、現任中間偏右歐洲人民黨總裁的唐納・圖斯克（Donald Tusk）接受德國《明鏡》週刊專訪時，諷刺道：「卡爾・施密特（Carl Schmitt）一定會

② 史帝文・李維茲基、丹尼爾・齊布拉特，《民主國家如何死亡：歷史所揭示的我們的未來》

③ 大衛.朗西曼，《民主會怎麼結束：政變、大災難和科技接管》

極度以奧班為榮。」[4]施密特是深具影響力的德國法學家，他把政治轉變成非友即敵的關係，因而變成支持納粹政體的理論家，他應該會以匈牙利總理為榮，但其實奧班的終極戰略比較令人費解，而不是令人害怕。

匈牙利的案例奇怪的地方，在於奧班已經享有合乎憲法的強大多數票，不需要把國會送去隔離，才能推行無限制的權力。同時，匈牙利並沒有因為冠狀病毒，才悖離自由民主制度的道路，畢竟匈牙利本來就沒有民主自由。[5]奧班為什麼需要篡奪他本來就掌握的權力？主張新冠肺炎是奧班挑起政變的機會，這樣的解釋太隨便、也太沒有幫助。如果說是奧班意圖利用新冠肺炎，向歐盟證明匈牙利可以違反規定，卻不受懲罰，這似乎更為重要。

政治理論家說得對，獨裁者會在危機中乘勢而起，而且在政治恐懼中會如魚得水。然而應該注意的重點是：獨裁政客最喜愛他們自己製造的危機，或至少最喜愛他們有足夠能力管理的危機；他們無法忍受危及改變世界的危機。施密特說，獨裁者希望有上帝的權力，這句話是對的，但是從來沒有人會要求全能的神解決不是他所製造的問題。

擁有絕對權力的核心概念是：你可以自由選擇哪個危機值得回應，但是新冠肺炎把這種權力奪走了。毫不意外的是，四位最堅決否認疫情確實存在的領袖，都是威權主義分子，包括巴西總統雅伊爾·波索納洛（Jair Bolsonaro,）、白俄羅斯強人亞歷山大·盧卡申科

④ Interview with EPP President Donald Tusk 'What the Economy Needs Is a Blitzkrieg', Der Spiegel, 21 April 2020: https://www.spiegel.de/international/europe/donald-tusk-what-the-economy-needs-is-a-blitzkrieg-a-382b2e03-3f48-412c-9973-9a883e913f5e

⑤ 匈牙利總理親自宣布匈牙利為非自由民主國家

（Alexander Lukashenko）、土庫曼共和國專制總統庫爾班古力・別爾德穆哈梅多夫（Gurbanguly Berdymukhamedov）和尼加拉瓜獨裁者丹尼爾・奧蒂嘉（Daniel Ortega）。巴西聖保羅市熱圖利奧・瓦加斯基金會（Getúlio Vargas Foundation）的國際關係教授奧立佛・施圖恩克爾（Oliver Stuenkel）把這四人叫做「鴕鳥聯盟」。[6] 他們證明了新冠肺炎不是獨裁者邀請來共進晚餐的理想賓客。對這四位來說，疫情是威脅和限制，而不是機會。新冠肺炎這種世界各國政府都必須因應的全球危機，實際上反而限制了獨裁者的力量。

「中國病毒」會讓「中國模式」受益？

我和很多人一樣，在疫情初期認為，中國會成為站在最強大戰略立足點上、從疫情中出頭的國家。對專制國家的人民來說，這場危機似乎把威權政權合法化了，而且初步資訊顯示，這場疫情導致中國公民加強了批評美國模式的聲浪。[7] 中國是病毒侵襲的第一個國家，這點表示，中國也是率先以對自己有利的方式，啟動經濟復甦的國家。

然而隨著時間國去，我現在不太確定中國會不會從危機中獲得最大的好處。中國政府謊報感染及死於冠狀病毒人數的做法遭到揭發後，造成反中情緒高漲。北京發動具侵略性的大外宣公關活動，目的在於把中國描繪成有效因應疫情的模範，也是疫情肆虐歐洲和其他國家時，唯一具有全球思維的強權，結果卻適得其反。更進一步說，中

---

⑥ The 'Ostrich Alliance': The Leaders Denying the Coronavirus Threat, *Financial Times*, 17 April 2020: https://www.ft.com/content/974dc9d2-77c1-4381-adcd-2f75533a36b

⑦ Mark Hannah and Caroline Gray, 'Global Views of American Democracy: Implications for Coronavirus and Beyond', EGF Report, April 2020: https://egfound.org/stories/independent-america/modeling-democracy/#china

國可能受到疫情帶來的「去全球化」不利社經結果影響。二〇二〇年第一季，中國出現毛澤東發動文化大革命以來的首次嚴重經濟負成長，對於依靠提高生活水準、證明本身合法性的政權而言，經濟負成長構成了象徵性的重大挑戰。雖然疫情傷害美國及歐盟的軟實力和自信心，疫情過後，世界對於北京的全球野心，會比起疫情前更不友善，因為疫情揭露了中國醜惡的臉孔。

現在這一刻有點類似一九七〇年代的危機，當時蘇聯共產主義和西方民主國家都因內部動盪而分裂，法國政治哲學家皮耶・哈斯納（Pierre Hassner）把這段期間稱為「競相墮落」時期。想解答什麼政體最適於因應二十一世紀的新冠肺炎，是自由民主制度、還是中國式的威權政體，卻得到大異其趣的答案，得到的答案是中美合作處理全球化問題的可能性消失，取而代之的是全球加速分裂和區域化的趨勢。北京大學教授王緝思說得很對，病毒導致美中關係達到一九七〇年代建交後的最低點，雙方經濟與科技的脫鉤「已經無法挽回」。[8]

美國與中國之間的角力不會造成冷戰死灰復燃。中國模式和蘇聯政體不同，不是資本主義的意識形態替代品，而是全球資本主義的一環，然而兩大強權碰撞給人的感覺，一定會非常像當年的冷戰。約翰·厄普代克（John Updike）小說中的主角「兔子」哈利·安思壯（Harry 'Rabbit' Angstrom）說得好：「要是沒有了冷戰，做美國人還有什麼意義？」[9] 顯然不管二〇二〇年十一月美國總統大選的結果如何，華盛頓對北京的立場都會變成更強硬。中國領袖可能也會同意，要是沒有冷戰，再謊稱自己是共產主義信徒就會毫無意義了。

---

⑧ Jamil Anderlini, 'Why China is Losing the Coronavirus Narrative', *Financial Times*, 19 April 2020: https://www.ft.com/content/8d7842fa-8082-11ea-82f6-150830b3b99a

⑨ 約翰·厄普代克，《兔子安息》

民主失去養分，走到終點？

大作家伊塔羅・卡爾維諾（Italo Calvino）在早期的小說《監視者》（*The Watcher*）[10]一書裡，編織出瀰漫著瘋狂、熱情和理性的選舉故事。左派知識分子主角亞美立戈・奧梅亞（Amerigo Ormea）在一次選舉中，同意到專門收治心智殘疾不治之症病患的杜林（Turin）克托林格安寧醫院，監視投票過程，這種地方從二次世界大戰結束，義大利實施強制性投票以來，已經變成右翼基督教民主黨派招兵買馬的特定目標。選舉期間，報紙上有很多新聞報導，都在談論得到心血管疾病的癱瘓病人和老人受到壓力，被迫把票投給保守派分子的消息。

即使如此，奧梅亞卻在克托林格醫院中，中了民主的魔咒，選舉儀式怎麼戰勝法西斯主義分子、如何賦予大家人生意義的情況，讓他深深著迷。最讓他震驚的是民主制度的平頭主義；事實上，不論富有或貧窮、受過教育或大字不識一個，每個人的一票都具有同等的力量。選舉就像死亡，強迫你往後看、也往前看，同時審判你的人生，也幻想另一個人生。奧梅亞在這間安寧醫院裡，讚嘆民主天生具有把瘋狂變成理性、把熱情化為利益的力量。

讓奧梅亞變成信徒的東西，正是民主制度扭曲事實的能力，讓他改變信念的東西，正是民主制度的神祕感，而不是民主制度的透明化。選舉讓每一個公民發聲，卻無法表現信念的強度。在「保持社交距離」變成負責任行為的世界上，受到威脅的東西正是民主制度的神祕感。如果大家只能通信投票，民主制度是否還能夠讓奧梅亞如此感動？疫情可能讓我們幾年不能上街，而不是幾個月不能上街而已，結

---

⑩ Italo Calvino, *The Watcher and Other Stories* (Harvest, 1975).

果就是促使歐洲的自由民主制度，面對最重大的危險。如果我們信任蓋茲，就應該期待未來幾年「大家可以踏出家門，卻不能像過去那樣經常出門，我們也不能去擁擠的地方。想像一下餐廳只能讓客人隔桌安置、飛機的中間座位留空的景象。」[11]

實施民主制度時，公民需要投票權，政治家需要接受檢討，大家需要集體遷徙、集會和行動自由。人民能夠集會結社、成為群眾的一分子，也至為重要，因為這種群體才能表達政治熱情的強度；競選造勢和大型示威活動會賦予公民歸屬感，投票卻無法提供這種歸屬感。

群眾力量把二十世紀的民主政治變得生氣勃勃。德國文化評論家齊格弗里德・科拉考爾（Siegfried Kracauer）回想第一次世界大戰後的情形時，寫道：「沒有人可以避免在街頭和廣場上邂逅他們，這些群眾不只是重大的社會因素，也像任何個人一樣具體。」[12]有些民主理論家害怕這些群眾的「瘋狂」，擔心他們可能受到專制領袖動員的危險，但他們也很清楚，街頭政治對正常民主運作很重要。民眾能夠反映政治熱情強度，是很多政治激進派和民主制度和解的原因。伊利亞·卡內提（Elias Canetti）反省一九二七年七月十五日，在維也納參加社會進步黨著名的群眾政治示威時，寫下：「這是我親身經歷的事情中最接近革命的事件，我從那時起，就相當清楚自己不需要閱讀有關攻占巴士底監獄的片紙隻字。」[13]

過去十年裡，美國專欄作家湯瑪斯·佛里曼（Thomas Friedman）

---

⑪ 'Bill Gates' brutal reality check on the coronavirus reopening', Axios, 24 April 2020: https://www.axios.com/bill-gates-coronavirus-reopening-warning-a3e14558-9b71-40b4-9ca5-16edafe67dee.html

⑫ Siegfried Kracauer, *From Caligari to Hitler: A Psychological History of the German Film* (Princeton University Press, 2019), p.54.

⑬ Elias Canetti, *The Conscience of Words* (HarperCollins, 1979).

所說的「廣場人」民眾[14]，在全球政治中穩定存在。全世界超過九十個國家，都曾經爆發大規模的群眾抗議活動，千百萬人出面，繞過政黨和遭到懷疑的主流媒體，撇開正式組織，在少數特定領袖的號召下，發動大規模的持續行動。法國的黃背心運動和全球反抗滅絕運動（Extinction Rebellion），是這種多元化現象中的兩面。網路上的行動主義分子在網路上，通常無法引進街頭政治特有的意義和歸屬感，往往用廉價的「點擊主義」取而代之。

新冠肺炎威脅到民主政治的基本要素：如果民眾必須待在室內，民主制度就無法運作。科技分析師班尼迪克．伊凡斯（Benedict Evans）最近觀察到：「我們現在都在網路上，而且同樣重要的是，我們都願意在生活中的各方面使用網路，只要能找出正確的體驗和商業模式。現在任何人都可以在網路上做一切事情。」[15]他可能說對了，但是我認為，如果少了佛里曼所說的「廣場人」，民主制度會無法存活，重要性不亞於此的是，很多人認為，廣場人消失代表民主制度的終結。如果我們不能召集超過五十人的群眾，我無法想像民主還能存活下去。正如老生常談說的一樣，民主必須在街頭接受滋養。

「比較」是決定政策的條件

跟著別人做，可以救你一命。二〇一五年，伊斯蘭青年黨（Al-Shabaab）的好戰分子突襲肯亞加里薩大學（Garissa University College），把學生抓來當人質，只有背得出古蘭經章節的穆斯林才

⑭ Thomas L. Friedman, 'The Square People', *New York Times*, 13 May 2014: https://www.nytimes.com/2014/05/14/opinion/friedman-the-square-people-part-1.html

⑮ Benedict Evans, 'COVID and forced experiments', ben-evans.com, 13 April 2020:https://www.ben-evans.com/benedictevans/2020/4/13/covid-and-forced-experiments

能獲得憐憫；背誦不出來的人會當場遭到槍殺。一位基督徒女學生看著她前面的人的遭遇，急切地回想著經文。蜜雪兒・貝德利（Michelle Baddeley）在《我們為何從眾，何時又不？》（*Copycats and Contrarians*）一書中主張，「這位女孩靠著社會學習、收集其他人的選擇和後果的相關資訊，救了自己的命。」

這種模仿邏輯解釋了全球因應冠狀病毒爆發的核心矛盾。危機迫使社群撤退到「居家民族主義」，而不是比較熟悉的合作模式。但各國政府仍然熱中於使用類似的政策方案，以便阻絕病毒的傳播，不顧各國之間的社會傳統、政體和公衛系統大不相同。

為何差異極大的國家會採用相同的政策方式？答案在於「不確定性政治」和「風險政治」之間的差異。就像一九二一年，法蘭克・奈特（Frank Knight）在他的代表作《風險、不確定性與利潤》（*Risk,*

Uncertainty and Profit）中闡述的一樣。奈特宣稱，在未來無法預知時，風險是可以量化的，過去的事件可以依經驗資料評估。另一方面，不確定性適用於現在或以前無法預測的後果。

新冠肺炎疫情是充滿不確定性的時刻。政府在危機初期還無法大量篩檢時，無法衡量社交距離政策或經濟鎖國的成本效益，這時最負責任的行動方針是預設最壞的狀況、採取最能夠規避風險的立場。政府慣於管理風險，但跟不確定性交手，卻是完全不同的遊戲。

政府面對不確定的情況時，即使對結果沒有信心，也必須準備採取極端手段。同時，也希望避免所採取的行動方針，將來可能遭到熟悉他國所採措施的公民質疑。跟著別人一樣做，以便對大眾保證情況已經受控制，會變得非常重要，以此次疫情大流行來說，這表示要說服大眾必須待在家裡、戴上口罩、暫停商業活動，以及服從任何其他附加政策。

想像一下，世界上有半數國家決定鎖國，其他國家決定效法瑞典，避免實施嚴格措施；兩邊都會面臨人民要求改變方針、又沉重到幾乎難以承受的政治壓力。如果某些民主國家宣布進入緊急狀態，某些國家卻不這樣做，即使感染人數和死亡人數相近，這種大不相同的作法仍然可能造成大眾信心崩潰。政府所採政策和最早遭到疫情侵襲國家的政策相同，原因顯而易見，即使政府不相信那種政策代表最好的做法，情形還是一樣。

套用類似的政策有助於政府逃避責任，但隨著時間過去，政策還是會逐漸受到比較。比較是政治恆有的特色，但是公民衡量現代政府的政績時，通常是跟過去政府的績效或反對黨的承諾來比較。

新冠肺炎則建立了不同的比較方式，公民會拿本國政府的即時表現，和其他國家比較。大眾迫切想知道，為什麼德國在篩檢上做得比法國積極、為什麼英國的死亡人數高於奧地利。還有，為什麼有些國家準備動用比其他國家高出很多的資金，用來彌補人民和企業因應危機所花費的成本。從某個角度來說，新冠肺炎把政治辯論變成政府唯一的要務，就是好好因應疫情帶來的公共衛生和經濟挑戰。新冠肺炎創造了政府的表現可以客觀評量的錯覺，對政府決策影響最大的東西，正是這樣子的比較，而不是反對黨的批判。奧地利決定鬆綁禁令，結果導致德國出現的政治共識產生裂痕，就是明顯的例子。

大部分國家決定鎖國，並頒布緊急法令，這種情形可以說是世界各國人民都做好準備，願意接受隱私在對抗疫情之戰時遭到侵犯的事實。但是這種霸道手法也表示，某些國家決定暫停實施限制時，決定延長禁令的國家會因此曝光。新冠肺炎危機的矛盾之處，在於這種流行病授予政府特殊權力，也授予每一位公民特殊權力，讓他們可以評斷政府的作為勝過或不如其他國家。

疫情流行期間，政府任何政策的成功與否，都要仰賴公民的主動支持，任何個人決定違反「保持社交距離」的限制時，都會妨礙政府的目標；從這個角度來看，緊急狀態限制了公民的權利，但矛盾的是，卻也加強了公民的權力。

何謂民主制度的例外狀態？

十八世紀末期，英國哲學家兼社會理論家邊沁（Jeremy Bentham）設計了一個名叫「圓形監獄」的機構。設計背後的理念是讓守衛可以觀察機構裡（不論是監獄、學校、還是醫院之類的機構）

收容的所有人員，被收容的人卻不知道自己是否遭到監看。這種設計很快就變成現代人認知中，運用權力控制危險分子或團體的象徵。十九世紀法國政客兼無政府主義分子皮耶—約瑟夫・普魯東（Pierre-Joseph Proudhon）說得好：「受統治就是受看管、受檢查、受刺探、受導向，成為立法、管制、標籤化、灌輸、說教、控制、評估、衡量、審查和指使的目標。」[16]很多人會同意，從普魯東的年代以來，除了科技之外，其他情況幾乎沒有變化。

圓形監獄的概念經常會在危機時刻冒出頭。很多人擔心國家強制推動的公共衛生緊急監督，會成為此次疫情意想不到的後果，也可能成為邊沁計畫的最新化身。差別在於原始的圓形監獄要求大家脫光衣

⑯ P. J. Proudhon, *General Idea of the Revolution in the Nineteenth* Century (University Press of the Pacific, 2004).

服，換取政府的保護，在今天的版本中，國家承諾要以公共衛生方式表現的監督，來保護人民不傷害自己。

今年二月二十六日，八十二歲的義大利哲學家喬治．阿岡本（Giorgio Agamben）在義大利疫情規模還不明朗時，寫了一篇充滿爭議的讀者投書，宣稱義大利政府推出的緊急措施完全不相稱，斷言：「再次凸顯政府把例外當成正常典範的趨勢。」[17]他分享的觀點是，政府對新冠肺炎的反應顯示自由政府具有「暴君本能」，也是類似「反恐戰爭」緊急措施捲土重來的機會。就像因為歐洲邊界而受困的人通常會認為，新冠肺炎好比難民危機重現一樣，很多人權志士擔心疫情解除後，監視行動仍會持續進行。對他們來說，「例外狀態」無非就是釘在民主棺材上的釘子。

對「例外狀態」的批評把新冠肺炎引發的監控，解釋為西方世界

「反恐戰爭」死灰復燃，這樣的批評是否合理？在疫情中把侵犯隱私權「正常化」的做法，對民主制度的破壞，是否等於小布希政府在九一一恐怖攻擊後制定的酷刑合法化立法？

評論家這麼熱心批評，原因之一應該歸咎於政府，政府使用軍國主義的辭藻，特別容易讓人民從限制人民權利的措施中，回想到九一一之後的日子。然而，自由主義人士把打擊病毒和打擊恐怖分子兩個「隱形敵人」混為一談時，卻冒了落入「自由主義陷阱」的風險。個別的自由從來都不是一種絕對值，衡量其價值時，必須總是和公眾福祉相提並論。批評布希「反恐戰爭」的人，堅持國家絕不應該

⑰ Giorgio Agamben, 'Lo stato d'eccezione provocato da un'emergenza immotivata', *Il manifesto*, 26 February 2020: https://ilmanifesto.it/lo-stato-deccezione-provocato-da-unemergenza-immotivata/?fbclid=IwAR17ciygOzmIpolNxACx8WMoRzrPpePxJMN0Tns7ni69ZfwO_QzmHYeYXVk%5C

把刑求合法化，因為拷打審問會摧毀人性尊嚴，而且刑求可能導致假自白，顯示刑求毫無效果可言，這些批評者的堅持確實正確無誤，就像批評布希若干政策的人說的一樣，如果政府官員像聲名狼藉的「定時炸彈實驗」情境一樣，[18]被迫動用刑求，他們應該只能把刑求當成公民不服從的一種行動。

然而，反恐監視和追蹤病毒軌跡的措施並非同一件事。實務經驗顯示，追蹤接觸史有助於政府控制疫情擴散，同時也幫助醫療主管官員研究病情，縮短發展疫苗的時程。政府在對抗新冠肺炎時利用監控手段並不是祕密。大家都知道政府會追蹤病患的接觸史，而且如果我拒絕讓政府追查我的接觸史，我可能就要為另一個人的死亡，負起間接責任。

總之，自由派在「反恐戰爭」的情境下捍衛人權，不能直接套用在此次疫情上。民主國家政府面對流行疫病時反應過度，不僅僅是一種趨勢；有些民主國家還可能受到誘惑，試圖為了經濟上的原因，設法把病毒的威脅降到最低水準，這樣做可能對民主制度造成致命傷害。我們是否應該景仰引用反蒙面法為法源、控告政府強迫人民戴口罩的維權人士？還是應當鼓勵他們控告政府強迫人民戴口罩、卻不提供足夠的口罩？

在艾拉・卡岑涅森（Ira Katznelson）令人大開眼界的傑作《恐懼本質》（*Fear Itself*）[19]一書裡，這位美國政治思想家主張：小羅斯福總統成功地挽救了美國的自由民主制度，靠的不是抵制特別措施，

---

⑱ Suppose that a person with a knowledge of an imminent terrorist attack, that will kill many people, is in the hands of the authorities and that he will disclose the information needed to prevent the attack, only if he is tortured. Should he be tortured?

⑲ Ira Katznelson, *Fear Itself: The New Deal and the Origins of Our Time* (Liveright, 2014).

而是在充滿不確定與恐懼的時刻，展現民主制度的效率。他的策略是對抗卡爾．施密特，而且彰顯自由民主系統，可以「從搖擺不定的政黨、國會與兩極化中，創造出解決之道、找到方向，同時又堅持自己的核心信念與做法。」

卡岑涅森認為，民主制度和獨裁政治不同的地方，不在於民主制度反對實施「例外狀態」，而在於實施這種狀態的目的是為了保護民主制度，而不是為了擺脫民主制度。然而，為了讓民主制度採取額外措施，同時繼續維持自由本質，民主制度必須把臨時行動和永久性政策區隔開來。民主派應該要求重要的立法行動必須是暫時性的行動，要繼續實施的話，必須經過正式的更新程序。奧班卻決定用強硬而笨拙的方式，違反這條原則。

其次，個別領袖或機構都不應該免於批評，例外政策一定不能把民主的實踐變成隱而不見、或是與世隔離。反之，包括司法、立法和行政的每一個政府部門，都必須有機會分享即時資訊和表達判斷。政府在必要時，或許會繞過國會，卻不應該永遠廢除國會。

最後，大家應該保留回溯性評估的機會。自由的標準遭到侵犯時，對於致力追求民主協商和共同決策的政治制度來說，跟制裁結合的評估程序會變成特別寶貴。[20]

目前的情況可能是冠狀病毒用威權主義的病毒，感染了我們的民主制度，但是，這樣也迫使政府必須為這場危機的結果負起全部責任。

⑳ Ewa Atanasow and Ira Katznelson, 'Governing Exigencies: On Liberal Democracy and National Security' in The Governance Report 2017, Hertie School of Governance (Oxford University Press, 2017), pp.95–110.

結論

人是唯一已知的時光機器。

——喬基・高斯波迪諾夫（Georgi Gospodinov）

喬賽・薩拉馬戈（José Saramago）在他的傑作小說《盲目》（*Blindness*）[1]中，描述一位男士突然喪失視力，替他檢查的醫生和偷他車子的竊賊也都失去視力。政府擔心這種「白人病」蔓延，就採取嚴厲措施，阻止這種疾病傳染，凡是已經失明的人，以及曾經跟這些人有所接觸的人都遭到圍捕，送到城市邊緣的一家舊精神病院去。凡是試圖離開這所醫院的人，都會遭到巡邏士兵用致命的暴力手段對付，因為士兵們也怕被傳染。這地方也變得像集中營。

在這本小說的結尾處，這場流行病突然消失，沒有人知道失明的原因為何。小說中的一個人物斷定：「我認為我們不曾失明，我認為我們是盲目的人，是視而不見的人。是可以看到東西、卻視而不見的盲人。」視而不見是每一種流行疫情的特徵，我們覺得盲目，是因為我們看不出流行病來襲，不了解周遭發生的狀況。薩拉馬戈不相信流行疫病會改變社會，他認為，流行病會協助我們，看清跟我們的社會有關的真相。如果他的看法正確，我們就必須了解自己關在家裡時的所見所聞。

我對冠狀病毒衝擊的反省始於先前所說的七個教訓，經過居家隔離後，我重新構思這些教訓，得出相關的五個矛盾。

①喬賽．薩拉馬戈，《盲目》

第一個矛盾是：這種疫病跟我們的全球化時代明顯相關，根據英國歷史學家法蘭克・史諾登（Frank Snowden）的說法，「這隻病毒表現最嚴重的地方，是在人口稠密、快速空運航線、旅客、難民、各式各樣商務人士來來往往、各種互相結合的網路能夠聯結的地方。」[2] 同時，這隻病毒本身是全球化的媒介，促使世界同步運作，以過去危機從來無法達成的方式，把我們拉在一起，對某些人而言，我們已經生活在一個共同的世界。

冠狀病毒的第二個矛盾是：它加速了去全球化的趨勢，這種趨勢始於二〇〇八年到二〇〇九年的經濟大衰退。英國記者吉迪恩・拉赫曼（Gideon Rachman）猜測說，在疫情結束後的世界，「大家難以相信工業大國會繼續接受現狀，任令大部分重要醫療物資必須仰賴進口。」雖然如此，從冠狀病毒所提供國際合作十分重要的證據來看，這隻病毒在威脅人類的所有危機中，可能是最有利於全球化的病毒。

流行病不像戰爭，不會造成各國互相爭戰；流行病不像大移民潮，不會引發暴力的民族主義；而且流行病不像地震或海嘯，流行病是全球性的現象。流行病這種危機讓人類感受到互相依存和團結，而且把希望寄託在科學和理性上。讓我對未來覺得悲觀的東西不是流行疫病，而是世界政治領袖未能針對這場危機，發動集體反應。

冠狀病毒的第三個矛盾是：在這場疫情初期，大家因為害怕這隻病毒，因而激發了社會多年未見的民族團結。然而，隨著時間過去，這場流行病不但會強化社會過去所表現的所有政治、經濟和社會分裂，還會讓疫情變成沙上的一條線，對冠狀病毒的害怕愈減輕，大家愈不會承認這場威脅的真實性。

---

② Jason Willick, 'How Epidemics Change Civilizations', Wall Street Journal, 27 March 2020: https://www.wsj.com/articles/how-epidemics-change-civilizations-11585350405

冠狀病毒的第四個矛盾是：這隻病毒至少已經在歐洲，造成了民主制度陷入暫時停頓狀態，而且很多國家都宣布進入緊急狀態。然而，民權和自由遭到凍結，會產生排拒威權主義、而不是擁抱威權主義的結果。在這場危機初期，大家樂於授予政府特別權力，但是，隨著經濟問題開始取代公衛問題，人民對政府會變得愈來愈不仁慈。這一點是因為冠狀病毒慘禍的性質善變，衛生慘禍變成經濟災難後，要從政治角度預測這場危機的影響，會變得困難之至。

冠狀病毒的最後一個矛盾是：在這場危機初期，雖然歐盟的身影隱而不顯，對歐盟的前途來說，這場流行疫病卻可能成為歐盟歷史上最重要的事件。歐盟不只會像英國脫歐一樣，碰到領土四分五裂的問題，也會淪落到無足輕重的狀態。

在歐盟全境，公共衛生一向都屬於各國政府的「權限」，義大利和西班牙國民每天死亡數以千計之際，布魯塞爾卻無以為繼。歐盟已經證明自己的結構不適於改善這場規模龐大的災難，每次大家在尋求保護時，歐盟都顯得有點事不關己的樣子。歐洲人關禁在家裡時，突然不再想到歐盟。雖然，義大利和西班牙國民覺得歐盟背叛他們，但是集中在歐洲同胞和歐洲國家政府上，而不是集中在歐盟官僚體系上。當大家想確定有些歐洲國家的感染和死亡人數比其他國家少時，歐洲一體的觀念就不復存在，沒有人關心整個歐洲的死亡或感染人數，沒有一個國家的政府大聲疾呼，要求建立歐洲一體的衛生政策，或建立跟冠狀病毒疫情有關的歐洲一體化個人資料。處在冠狀病毒危機中的歐盟，開始顯得像神聖羅馬帝國滅亡前最後幾十年的樣子，住在帝國境內的人民甚至變得不覺得自己是帝國的一分子。

我的七個教訓變成五個矛盾，這一點是否可能像詩人約瑟夫·布羅茨基（Joseph Brodsky）描述囚犯存在的狀況時一樣，代表冠狀病毒可能變得無足輕重，像「在空間不足、時間過剩」狀態下引發的短暫集體幻想呢？

我們恢復遷徙和活動時，這種幻想會消失嗎？我不以為會變成這樣，新冠肺炎是我們全都參與的一種空前未有的社會實驗，不會消失的無影無蹤，反而會改變國與國之間和各國國內的關係。

——完——

國家圖書館出版品預行編目資料

後疫情時代的關鍵趨勢：新冠肺炎重塑世界的五大思維 / 伊凡 . 克雷斯戴 (Ivan Krastev) 著；劉道捷譯 . -- 臺北市：三采文化 , 2020.08
面；　公分 . -- (Trend)
譯自：Politics and the pandemic
ISBN 978-957-658-397-1(平裝)

1. 國際關係 2. 國際政治 3. 傳染性疾病

578　　109010173

◎封面圖片提供：
Dima Zel / Shutterstock.com
Lauritta / Shutterstock.com

Trend 63

後疫情時代的關鍵趨勢：

新冠肺炎重塑世界的五大思維

作者｜伊凡．克雷斯戴　譯者｜劉道捷
責任編輯｜朱紫綾　版權選書｜杜曉涵　校對｜黃薇霓
美術主編｜藍秀婷　封面設計｜池婉珊　內文排版｜菩薩蠻電腦科技有限公司

發行人｜張輝明　總編輯｜曾雅青　發行所｜三采文化股份有限公司
地址｜台北市內湖區瑞光路 513 巷 33 號 8 樓
傳訊｜TEL:8797-1234　FAX:8797-1688　網址｜www.suncolor.com.tw
郵政劃撥｜帳號：14319060　戶名：三采文化股份有限公司
本版發行｜2020 年 7 月 31 日　定價｜NT$380

suncolor

suncolor